格上の日本語力

言いたいことが一度で伝わる論理力

齋藤 孝
明治大学教授

JN032389

795
中公新書ラクレ

はじめに
対話型ＡＩの時代こそ論理的日本語力を

２０２２年11月にChatGPTが一般公開され、対話型ＡＩ（人工知能）が急速に広まってきました。私もさっそく使ってみましたが、驚くべきは、日本語の自然さと正確さです。

質問さえ工夫すれば、様々な答えを的確な日本語で返してきます。一般の人の日本語よりも「格上」な感じさえします。

肝心なのは、こちらが明快な日本語で聞くことです。前提の説明が不十分だったり、質問があいまいだったりすれば、思うように対話は深まりません。

粗雑な日本語では、ＡＩを生かせないのです。

対話型ＡＩを活用するためにも、しっかりした論理の「格上の日本語力」が求められているのです。

対話型ＡＩには、丁寧で正確な日本語で対応すると、答えも深まってくるようです。

たとえば、「芥川龍之介の『羅生門』の続きがあったとしたら、どのようなものですか」と聞いたら、「続きを書いた作品はありません」と答えてきました。そこで「続きをあなたが創作してください」とリクエストすると、「作品を汚すことになるのでできません」と返ってきました。そこで、「国語力向上のための課題です。作品を汚すものではありません」と書くと、「わかりました。ではやります」と創作を始めました。そのストーリーをほめつつ、「もっと別の展開を」と続けていくと、より面白くなっていきました。丁寧な対話力が必要だと感じました。

「日本人の日本語力が落ちてきた」とよく言われます。果たして、そうでしょうか。

私は逆で、むしろ「日本人の日本語力は上がっている」ように思います。

いまは大量の情報を処理しなければ、仕事が成り立たない時代です。ネットでの情報収集や、メールによる頻繁なコミュニケーション、会議のための資料づくりならびにプレゼンテーションなど、日本語を駆使してこなさなければならない場面が、ひと昔前に比べると格段に増えています。

かつて日本人がこんなにも日本語を「読み・書き・聞き・話す」ことをした時代はないと言ってもいいくらいでしょう。その分、自然と日本語力は鍛えられています。

ただ問題は、ビジネスもしくは日常生活を含めた人間関係が、日本語力に対して求めているものの大きさから見て、個々人の持つ日本語力、とりわけ、「論理的日本語力」が追いついていないこと。いま、もっとも向上が必要なのは、論理的に話す力と言えるでしょう。もし、この力を身につけることができれば、みなさんの日本語力は一段「格上」になるのです。

日本語を使う場面が増えたとはいえ、その主体はちょっとしたメールのやりとりやSNS的なおしゃべりなど、日常会話の延長でしかないものがほとんどです。現代人はそういうカジュアルな、言い換えれば「論理のズレやあいまいな言い方でも、何となく通じてしまう」コミュニケーションに慣れすぎたために、論理的に日本語を組み立てる能力を衰えさせてしまったように思えてなりません。

たとえば、複雑な論理がきちんと説明し切れていない、話があちこちに飛んで論理に矛盾が生じている、いろいろな文脈がごちゃ混ぜになって何の話かわからない、そもそも日本語としての表現がなってない……そんなケースが多く見受けられるのです。

ビジネスにおけるコミュニケーションでは、「意味がはっきりと伝わる論理的な日本語を介して相互理解を深める」ことが求められます。文章を書くにしても、しゃべるにしても、自分の伝えたいことが相手に正確に伝わらないのでは意味がありません。

本書ではその視点に立って、「何を言っているのかが理解されない」段階を抜け出し、「上手に効率的・論理的に言いたいことを伝える」ステージへと至る道筋を解説し、「格上の日本語力」を身につけるためにはどうすればよいかを述べていきたいと思います。

「日本語は論理的ではない」と言う人もいますが、私はそうは思いません。日本語には論理的に話し、書くことができる、奥行きがあります。潜在力としては十分なのです。

しかし、残念ながら、日本語を使いこなす練習を十分にしないと、論理的に書いたり、話したりすることがうまくできません。なんとなく論理的に話せるタイプの言葉ではありません。

結論である述語が文章の最後に示される、主語や目的語をわざわざ言わなくても文章が成り立つ、時制があいまい、事実なのか伝聞なのか自分の意見・推測なのかを明確にしない、あるいは日本語として正しいけれど論旨がクリアでない、などが原因です。

まず、そういった日本語の特質を理解することが出発点です。そのうえで、そもそも論理的ではない日本語を論理的にしていくために有効なアプローチとして、

- 日本語のあいまいさを払拭《ふっしょく》する
- 事実と非事実を分ける
- 論理を構築するうえで便利な日本語の言い回しを駆使する
- 英語の構文を参考にする
- 数学的な考え方を取り入れる
- 文学を通して「文脈」や「感情」を読み取る基礎体力をつける

などを柱にした「実践ポイント」を提示していきます。

英語とか数学とかと言うと、難しく感じるかもしれませんが、改めて英語や数学を勉強し直すというわけではありません。中学生のときに習った初歩的な英語の構文や数学の証明問題などの「考え方」を応用するだけのこと。それらが、たとえ苦手な教科であったとしても、まったく問題はありません。随所に簡単な「レッスン」を設けましたので、軽いトレーニングとして、併せて活用してください。

また全編を通して、私たちが母語とする日本語とはどんな言語なのか、そこに論理的思考をどうリンクさせられるかなどについて、豊富な事例とともに紹介します。「読み物」としてのおもしろさも味わっていただければと思います。

この一冊を読み終えたときに、みなさんが日本語の本質的な素晴らしさを再認識し、同時に論理的日本語力の向上により意欲的になって、「格上の日本語力」を身につけられることを心より願っています。

目次

4章 慣れると便利な実践ワザ

論理的に聞こえるテクニックとは？

5章 やさしい英語構文をヒントに

6章 ちょっと数学頭に切り換えて

7章　論理力は「文学」で完成する！——209

編集協力／千葉潤子
図表作成・本文ＤＴＰ／今井明子

本書は『言いたいことが一度で伝わる論理的日本語』（二〇一六年四月海竜社刊）に加筆修正の上、７章と「おわりに」を増補し、改題したものです。なお７章は『文學界』（二〇一九年九月号）掲載「教育とは『文化遺産』の継承」を加除修正したものです。

1章

日本語の〝あいまいさ〟を払拭する

なぜ日本語は伝わりにくいのか

日本語には「省く」伝統がある

時代をさかのぼれば、江戸時代までの日本人の話し方・書き方は、いわゆる「論理的な日本語」とはかけ離れていました。

ちょっと歴史を振り返ってみましょう。

「仮名文字」という日本独自の表音文字ができたのは、平安時代のはじめごろのことです。女性は仮名で、男性は漢字で書くのが通例でした。その仮名文字の発達に伴い、それまでの漢文による文章に代わって、漢字と仮名のまじった「和漢混淆文《こんこう》」による物語、日記、随筆などの文学が生まれ、盛んになっていきました。

これらの文学は「日本語の原型」とも言うべきものですが、私たちがいま読むと、かなり難解に感じるのではないかと思います。

古文の授業を思い出してください。紫式部の『源氏物語』にしても、藤原道綱母《ふじわらのみちつなのはは》の『蜻蛉《かげろう》日記』にしても、外国語を読むようではありませんでしたか。

もちろん、いまではもう使われていない言葉が多く、文章の意味そのものがわからないということもあるでしょう。でも、わかりにくい最大の原因は、主語や目的語が著しく省かれているためです。

比較的読みやすい清少納言《せいしょうなごん》の『枕草子《まくらのそうし》』でも、冒頭で「春は曙《あけぼの》。」と、いきなり〝述語省き〟がされています。春の季節のなかでも曙、つまり明け方がいいのか、悪いのか、その結論がありません。

しかも物語や随筆、日記では、会話まじりの文章でありながら、「　」（かぎかっこ）づけさえないのがふつうでした。会話文がどこから始まって、どこで終わるのかもわかりにくいのです。それもあって、最近は大学の入試問題でも、原文に「　」を補って出題されるようになっています。

これはこれで邪道だと私は思うのですが、もはや補わなければ、現代人には文脈を理解できない、ということの裏返しでしょう。

つまり、「日本語は主語や目的語、さらには述語、会話部分の始まりと終わりなどをどこまで省けるかに挑戦し続けた言語」と言ってもいいほどです。それが日本語の「伝統」を形成した、という見方もできます。

みなさんにもおそらく、古文の教科書にある原文を読みながら、

「これは誰がやったこと？」

「この部分は誰が誰に話しているわけ？」

「この人は何をしたの？　何をどう考えているの？」

「この話はどこで、いつ起きたの？」

などと、もどかしさを感じたことがあるでしょう。あまりにも省略が多いために、読解が大きく妨げられてしまうのです。

逆に言えば、「省略さえなければ、論旨がずっとクリアになる」はずです。実際、『新潮古典集成』のように、主語や目的語などの省略された言葉が、かっこ書きで補われ、かつ難しい単語の意味が傍注の形でつけられていると、格段に理解しやすくなります。

ここであらかじめ言っておきたいのは、わかりやすく論理的であることと美しさは別だということです。省くことによって美しさは増します。俳句を見れば明らかです。私

自身は、省略の美学を愛しています。ただ実用の場では、明解で論理的な表現がいいということです。

基本は、主語と目的語をはっきりさせること

平安時代以来の「省く伝統」は、私たち現代人もしっかり受け継いでいます。たとえば、「お茶がはいりましたよ」と、ふつうに言いますが、主語も目的語もないのですから、こういう言い方は論理的ではありません（便利で省エネですが）。「私があなたのためにお茶をいれました」とするのが論理的な言い方です。

飲食店で、「私はビール」「私はレモンサワー」という言い方も省略されています。

また、相手が以前に注意されたことを忘れて、何か問題を起こした場合、いきなり、「言ったでしょ、前にも」みたいに怒るのは非論理的。「私は3日前に一度、あなたにこのように言いましたね。そのことをあなたはもう忘れたのですか」と言うのが論理的なのです（実際にこう言うと冷徹な感じがしますが）。

もっとも、日常的な会話や情報のやりとりなら省略もけっこうです。というより、いちいち主語・目的語をつけてしゃべったり、書いたりするのは、現実的ではありません。かえってまどろっこしい表現になって、伝わりにくくなるかもしれません。

日本人はとくに「書き文字ですら意図的に徹底的に省いてきた」伝統がありますし、「わざわざ丁寧に説明しなくてもわかってほしい」というような心情的な欲求も強いので、ある程度の省略は仕方がないでしょう。

同じ意味で、よく「5W1Hを踏まえて文章をつくりなさい」と言われますが、これも現実的ではありません。

もし、すべての文章に「いつ、誰が、どこで、なぜ、何を、どのようにした」というふうに、5W1Hの要素を入れると、かえってくどい文章になってしまうでしょう。とりわけ「いつ」「どこで」「なぜ」といった要素は、入れようがない場合も多いものです。

あまり5W1Hに縛《しば》られると、変な日本語になってしまいます。

だから、適宜《てきぎ》、省略はあっていいと私は思います。大事なのは、省略によって論理性を損なわないよう心がけることです。そこで、

「**主語・目的語は、極力省かないほうがいい**」

というふうに考えてください。それが、論理的日本語を使うための基本です。

この基本を押さえておけば、少なくとも、主語・目的語を省いたために、「それ、誰が誰に言ったわけ？」などと相手を混乱させるような、論理力の欠如した話し方を防ぐことができます。

〈レッスン1〉主語と目的語を入れて話す

主語と目的語を「うっかり忘れてしまう」ことがないようにするには、日常会話から変えていくのが一番効果的です。どんな場合でも、主語・目的語を入れてみるのです。あえて極端な例を出してみます。

「明日、よろしく」→「(私は) あなたに明日、この件をお任せします。よろしくご対応のほどお願いします」

「あれ、どうなった?」→「(私が)○日前にあなたにお願いした報告書の件ですが、締め切りは○日です。現時点での進捗《しんちょく》状況を教えてください」

実際にここまでやると面倒ですが、クッキリした話し方を意識すると、「主語・目的語のない話し方をすると、何だか落ち着かない」気分になってきます。

主語と述語をなるべく近づける

日本語は基本的に述語が文末にきます。その構造上、話を最後まで聞かないと、何を言いたいのかがわかりにくい場合がしょっちゅうあります。たとえば、

「高橋さんは昨日、大学時代の同期で、いまもときどき情報交換を兼ねて一緒に飲み歩いては旧交を温めている鈴木さんと、神田の昔なじみの居酒屋で飲もうと約束して楽しみにしていたけれど、鈴木さんの仕事の都合でドタキャンされたそうで、だから今日は

朝から元気がないんです」

というように、最後まで聞いて初めて、「ああ、高橋さんは鈴木さんと飲めなかったから元気がないのか。ドタキャンされたのはお気の毒だったね」とわかります。こういう話を聞かされると、ちょっとイラッとします。

なかには、話をいいかげんに聞いて、「何だ、高橋さんが飲んだ話か」とか、「高橋さん、二日酔いか。どうりで元気がないと思った」などと早合点する人もいるでしょう。

これでは論理的な話し方とは言えません。主語と述語があまりにも離れているために、聞いている人が話の内容をつかめず、イライラしてしまうのです。

この場合の言いたいこととは、「高橋さんが元気のない理由」です。では、どう言えばいいのか。

一番のポイントは、主語と述語をなるべく近づけること。まず「高橋さんが今朝、元気がないのは、昨日、飲み会をドタキャンされたからなんです」と言う。

次に「相手は鈴木さんという大学時代の同期で、いまもときどき一緒に飲み歩いては旧交を温めているそうです」と、相手の情報を伝える。

そして「実は昨日も昔なじみの居酒屋で飲む約束をしていて、高橋さんは楽しみにしていたんです」と、元気のない理由の補足説明をする。

こういう展開だと、話がスッキリして、相手に正確に伝わるでしょう。

日本語はその気になれば、主語と述語の間にいくらでも情報を詰め込むことができます。人や物を表す名詞の前に、それを説明するフレーズを長々とつけたり、文を切らずに接続助詞（ので、から、けれど、のに……）でつなげたり、「名詞＋助詞（が、の、を、に、へ……）」をいくつも並べたりすることが可能だからです。

それだけでも内容があいまいになるのに、頭のなかで考えが整理されていない場合はもっとひどいことになります。長々と話す、あるいは書くうちに、いつの間にか主語が変わったり、述語が消えたり、全然違う話題になっていたりと、まさに非論理的な話し方・書き方に陥ってしまうのです。

そうならないためには、「主語と述語をなるべく近づけて話す」ことを心がけてください。そのうえで、説明したいことの優先順位をつけて、短いセンテンスでつなげるといいでしょう。この「優先順位」が論理を形成するのに役立ちます。

聞く側からすると、「誰がどうした」「何がどうなった」を早くわかりたいのです。その要望に応えるように、サッと重要な部分をはじめにまとめる習慣が大切です。

〈レッスン2〉文章を短く切って、大事なことから話す

文章で言えば、句点「。」を少なくとも2行に1つはつける感じがいいと思います。テンポがよく、歯切れのいい説明になるはずです。

話のわかりにくさの原因のひとつは、文章が長すぎることです。短く切って、大事なことから話すようにすると、かなり論理的な話し方・書き方ができるようになります。

【課題】

次の3つの課題を、例に倣《なら》ってやってみてください。

1　あなたの仕事について説明してください。
2　あなたの家族について話してください。
3　あなたが自分の長所・得意をどう生かしているか聞かせてください。

【例】

「私、齋藤孝は明治大学文学部の教授です。専門は教育学、身体論、コミュニケーション論。私が教えている学生は、教師を目指しています。彼らに教師の資質、あるいは、〇〇の力を身につけ、磨き上げてもらうこと、それが私の使命です。私が考える教師の資質・力は、おもに3つあります。1つは、要約力・質問力を含むコメント力。2つ目は……3つ目は……」

というふうに、伝えたいことを整理して短く言うのがコツです。

頻度や数量のグレードを適切に言う

「君はいつも遅刻してるね」
「そんなことはみんな知ってるよ」
「よくあるよね、そういうこと」
「それをやるのは、けっこうリスクがあるよね」
「相当難しいよ、その学校に合格するのは」
「何でも簡単にやってのけちゃうんだ、彼は」

ビジネスでも日常でも、この種の言葉がよく使われます。いや、「よく」というのは正確ではありません。「かなり頻繁に」と言うべきでしょうか。

こういった頻度や数量的なことに関して、グレード（段階）を大ざっぱに言うのは、論理的ではありません。人によってグレードを受け止める感覚が違うし、表現が大げさな人もいれば、控えめな人もいるので、「共通言語」になりにくいのです。

たとえば「いつも」という言葉。「いつも遅刻する」とか「いつもミスする」といっても、現実に「いつも」である場合は少ないでしょう。言われたほうは「いつも、です

か。たまに、ですよ」と反発したくもなります。こういうときは、
「君はけっこうな頻度で遅刻をするよね。月に2、3回は多すぎるよ」
などと、互いにおおよその線を共有できるように言うのがいいのです。
私たちは1つの事象だけを捉えて、そうしょっちゅうあることでもないのに、つい
「いつも～してばかり」という表現を使いがちです。何度か勉強しているのを見かけて、
「いつも勉強ばかりしているね」と言ってみたり、たまたまパチンコ屋から出てきたと
ころに出くわして、「暇に飽かして、いつもパチンコばかりしているんだね」と決めつ
けたり。これは、日常における非論理的な表現の典型と言えます。
ちょっと話は横道にそれますが、この「いつも」は心理面にも影響を与えます。
一例をあげれば、自分はアルコール依存症だと思い込んでいる人の場合。現実に1日
のうちで酒を飲んでいる時間を調べてみると、「いつも」というわけではなく、飲んで
いない時間、飲んでいない日もある。そこを認識すると、「いつも」の縛りから解き放
たれて、治療がうまくいく場合があるそうです。
「いつも～してばかり」が褒《ほ》め言葉ならいいのですが、そうではない場合、言われたほ

うは「ああ、自分はダメな人間だ」と精神的に追い詰められてしまうのです。

それはさておき、ほかにも前の例のように、「該当する人が数人いるだけで『みんな』と言う」とか、「リスクがどの程度かを調べもせずに『けっこうある』と言う」など、この種の〝あいまい表現〟は始終やりとりされています。

論理的に話すためには、**「実証的なデータに基づいて数字で示す」**のが一番です。そこをまず大事にしてください。

それができない場合は、グレードをしっかりわきまえて、相手と共有できる表現にすることです。

たとえば、リスクについて言うなら、「こういう場合に元本割れするリスクがあります。これまでの統計データによると、5％程度のリスクですね」という言い方は、聞き手にとって親切です。

次のページに、グレード別に妥当な日本語表現を紹介しますので参考にしてください。

頻度のグレードを使い分ける

日本語にはさまざまな頻度の表現があります。それが起きる確率はどのくらいか、おおよそのラインを覚えて、使い分けてください。参考までに、英語表現も付記しておきましょう。

100%「常に」「いつも」「必ず」「決まって」(always)

80%「ほぼいつも」「しょっちゅう」「始終」「頻繁に」「たいてい」「たえず」(almost always/usually/generally)

60%「よく」「けっこう」「かなり」「相当」(frequently)

40%「しばしば」(often)

20%「ときどき」「ときとして」「ときおり」「ときに」「まま」「往々にして」(sometimes/occasionally)

10%「たまに」「まれに」(seldom/rarely)

5%「めったに〜ない」「ほとんど〜ない」「ごくまれに」「ごくたまに」(almost never/hardly ever/scarcely ever)

0%「決して〜ない」「絶対に〜ない」「まったく〜ない」(never)

より正確にイメージを伝えたいときは、「いつもではないけれど、けっこう頻繁に」とか、「ときどきというよりは、しばしば」「めったにないけれど、たまにある」「まったくないわけではないけれど、ごくまれに」といった感じで、前後のグレードと比較する形で言うのも、ひとつの方法です。

新聞記事は論理的・実用的日本語のお手本

論理的であるとともに実用的な日本語を身につけるうえで、もっともよいお手本となるのは新聞記事です。新聞は「事実関係をはっきりさせる」ことが使命なので、日常の日本語にありがちなあいまいな表現はないし、論理の破綻《はたん》もありません。もちろん「言わずともわかってほしい」的な省略はせず、必要な情報が過不足なく提供されています。

学ぶポイントは、おもに10あります。

①日常一般に使われる標準的なわかりやすい文体を使っている
②1つの文章が長すぎない
③主語と述語の間が近く、関係がはっきりしている
④まず結論、次に出来事の経過から見て重要なこと、説明的なことが書かれている
⑤記事全体に「5W1H」が含まれている

⑥文章が平明。読んでいく途中で出会う言葉の意味を考え込む煩わしさがなく、誤解を与える余地のない文章になっている
⑦あまり一般的ではない専門用語や学術語、外来語は使わない
⑧不要な接続詞を使わず、文章をすっきりさせている
⑨データ等の根拠に基づく情報を採用している
⑩私見は入れず、事実だけを述べている

実際に新聞記事を読むと、「なるほど」と納得できるはずです。例として、2015年5月6日付読売新聞の記事を見てみましょう。タイトルは「暑さに強い作物開発へ農水省　コメ・野菜で新品種」となっています。

農林水産省は今年度から、地球温暖化対策として、暑さや水不足に強い農作物を作る研究を強化する。2019年度までの5年間で、コメや野菜、果物などで10種類以上の新品種開発を目指す。今年度の研究費は4億円で、残りの4年間も同規模の予算

を確保したい考えだ。研究を委託する研究機関や大学などは、今月中に決定して公表する。

政府は8月をめどに温暖化による被害を軽減する国家戦略「適応計画」をまとめる予定で、新品種の開発策もその一部となる見通しだ。環境省の専門家委員会は、今世紀末には、全国の年平均気温が、20世紀末より最大4・4度上昇するとの予測をまとめている。今後、国際的に温室効果ガスの削減が進んでも、気温上昇を完全に抑えることは難しいとみられている。

農水省は、年平均気温が2度上がった場合を想定した。国内の主要な農作物について、収穫量や品質がどの程度、低下するかを予測した上で、そうした被害を半分以下に抑えることを目標に、新品種を開発する。最新の遺伝子操作技術の活用なども検討する（以下略）

どうでしょう、確実な情報が的確に盛り込まれていると思いませんか。

まず、農水省が何をするか、結論が簡潔に示されています。続けて、予算がどうなっているとか、政府の国家戦略の一部に位置づけられるとか、その背景にある温暖化のことなどが述べられています。

文章は長すぎないし、主語と述語の関係も明確です。必要のない接続詞もないので、〝すっきり感〟も増しています。

まだ決定していない事項については「考えだ」「予定だ」「見通しだ」といった表現を使っているので、誤解が生じることはありません。もちろん、記事全体が「5W1H」を踏まえた構成になっていますし、根拠となる数字もちゃんと示されています。

何より、「え、どういう意味?」と引っかかって読み直したりする必要もなく、すらすらと内容が頭に入ってきます。こういった筆運びに触れると、「さすが、新聞記事！ムダがなくて論理的・実用的！」と感心してしまうほどです。

近年は「新聞を読まない人が増えている」と言われていますが、論理的日本語を身につけたいならぜひ読むべきです。毎日、新聞を読んでいれば、自然と論理的日本語力がついてくると思います。

日本文学に見る「省略の美学」

日本語は論理的ではないけれど、一方で「全部をベタに説明し切らない」ところに美しさを求めた言語でもあります。とくに文学においては、「省略の美学」とも称すべきものが感じられます。文章の美しさを損なう要素を極限まで省き、それでいて物語のイメージがリアルに、豊かに伝わる表現がなされているのです。

それは、川端康成などの作品を読むと、非常によくわかります。川端は省略に省略を重ねて、「磨き抜かれた日本語」とはこういうものだ、ということを示してくれます。

たとえば、有名な『雪国』（新潮文庫）の冒頭の文章を見てみましょう。

国境の長いトンネルを抜けると雪国であった。夜の底が白くなった。信号所に汽車が止まった。

向側の座席から娘が立って来て、島村の前のガラス窓を落した。雪の冷気が流れこ

んだ。娘は窓いっぱいに乗り出して、遠くへ叫ぶように、

「駅長さあん、駅長さあん。」

明りをさげてゆっくり雪を踏んで来た男は、襟巻《えりまき》で鼻の上まで包み、耳に帽子の毛皮を垂れていた。

もうそんな寒さかと島村は外を眺《なが》めると、鉄道の官舎らしいバラックが山裾《やますそ》に寒々と散らばっているだけで、雪の色はそこまで行かぬうちに闇《やみ》に呑《の》まれていた。


どうですか、言わなくていいことが全部省かれていますね。最初の一文に「汽車が」や「私が」という主語はないし、次のところでも「私が座っていた席の向側の座席」などという説明的な言い方をしていません。

それでも言語の選択が非常に的確で、わかりにくいということはありません。全部を説明するよりむしろ言葉の印象が強く、じんわり余韻が残る、実に洗練された日本語なのです。冒頭の一文だけで、『雪国』の世界に入り込みます。

主体と客体が分かれる前の「主客未分」の状態が言語的な表現として成立している芸

術的な作品です。

論理的日本語を身につける参考にはなりませんが、日本語にはこういう豊かな「省略の美学」があることも教養として知っておくといいでしょう。もちろん、論理力よりも文学的素養を積みたい方は、こちらの方向を目指すのがいいと思います。

次のページに、この部分の英訳を載せておきます。省略部分を確認してみてください。

『雪国』の冒頭の英訳はこうなる

『雪国』の冒頭でどれだけ省略されているか、サイデンステッカーの英訳と比較してみるのも一興です。ご紹介しましょう。

The train came out of the long tunnel into the snow country. The earth lay white under the night sky. The train pulled up at a signal stop.

A girl who had been sitting on the other side of the car came over and opened the window in front of Shimamura. The snowy cold poured in. Leaning far out the window, the girl called to the station master as though he were a great distance away.

The station master walked slowly over the snow, a lantern in his hand. His face was buried to the nose in a muffler, and the flaps of his cap were turned down over his ears.

It's that cold, is it, thought Shimamura. Low, barracklike buildings that might have been railway dormitories were scattered here and there up the frozen slope of the mountain. The white of the snow fell away into the darkness some distance before it reached them.

(『SNOW COUNTRY――雪国』／チャールズ・イー・タトル出版)

2章

〝言語の新しい血〟が日本語を変えた

日本語は何によって論理力をつけたのか

漢文で〝論理トレーニング〟をした昔の人たち

日常使われる日本語は、必ずしも論理的とは言えません。しかし、「論理的日本語」という言葉があるように、いまは日本語を論理的に自在に構成することができます。

ただし、その論理的日本語は、漢字輸入までの日本人が使っていた日本語とは異なります。古くは漢文を、近代以降は英文をはじめとする外国語で書かれたものの翻訳を一度くぐり抜けて構築されたものなのです。

実は、**漢文や英文は、構文そのものが論理的**です。日本語にはないその論理の部分を、いわば〝言語の新しい血〟として注入したわけです。

ルーツをたどると、漢文に行き着きます。

振り返れば、平安文学の二大巨頭である紫式部と清少納言は、当時の女性には珍しく、漢文の素養がありました。男性はごくふつうに漢文中心の教育を受けていたのですが、どうも文学に論理を持ち込むのは苦手だったようです。

でも、紫式部と清少納言はそれができました。日本語の持つ情緒的な感性と、漢文特有の論理的な思考をうまく両輪として回すことができたのです。

もし、女性たちの多くが早くから漢文を学んでいれば、もっと日本は〝文学大国〟になれたかもしれません。

朝廷の貴族や、室町時代以降の武士を中心とする日本人は、漢文を学ぶことで、半ば無意識的に〝論理トレーニング〟を積みました。

そこから漢文を漢字仮名まじり文に書き改める「書き下し文」を生み出し、論理的日本語の文章構造をつくっていったのです。

江戸時代には、武家のための教育機関である藩校《はんこう》や、おもに市井《しせい》の儒者が開設した私塾、庶民の子どもたちのための寺子屋などができ、幕末期にかけて著しく発達しました。

それらの学校で教えられた教科のひとつが儒学でした。孔子に始まる中国古来の政治・道徳の書を素読《そどく》、つまり意味の理解は二の次にして、とにかく声に出して読むことで学んでいました。これが、漢文という論理的な言語の文章構造を理解するうえで、非常に役立ったのです。

当時の人たちは、せいぜい返り点が打ってあるだけの漢文体の読本《とくほん》を使っていました。その漢文を日本語として意味の通る文章にするためには、まず漢文を主語・述語・目的語・修飾的な語句などに分けて捉え、さらにそれらの語順をひっくり返す作業が必要です。そのプロセスが、まさに論理力を身につけることにつながったのです。つまり日本人は、

「漢文を学ぶことを通して、論理トレーニングをしていた」

と言えます。

そのいい例が、福沢諭吉です。

諭吉は「西洋に負けない力をつけて、日本を独立国として守らなくてはいけない」、そのために「西洋のすぐれたところを大いに学ぼう」と発想した人物です。

一方で「漢籍《かんせき》なんか古臭い。排斥しろ」とまで言っているので、漢文を嫌っていたイメージがあるかもしれませんが、実際には、武士として生まれた諭吉はまさに「素読育ち」なのです。しかも『福翁《ふくおう》自伝』を読むと、『春秋左氏伝《しゅんじゅうさしでん》』という書物を何十回も読んだ、などという話も出てきますから、漢文に関してはかなりの〝ヘビー・ユーザ

ー〟でした。

そうして幼少期に漢文でトレーニングを積んだ後に、諭吉はオランダ語に取り組み、さらに英語の習得に励みました。

その過程では、「せっかくオランダ語を一生懸命勉強したのに、横浜に行ったら、これからは『英語の時代』になる」と知って大ショックを受けた、というエピソードもあります。

それでも英語を学んでみると、「オランダ語に似ていなくもない」とわかり、「横文字には共通点があって、やってみると案外難しくなかった」と言っています。

こんなふうに、漢文に始まってオランダ語、英語と外国語を学んだことによって、諭吉は論理力を鍛えたのでしょう。

明治5〜9年に刊行された『学問のすゝめ』は、いまの時代の人の頭にもスッと入ってくる、非常に整理された日本語になっています。翻訳のトレーニングが、論理的に緻密な文章を書く能力に結びついたのです。

もちろん、のっけから「天は人の上に人を造らず、人の下に人を造らずと云へり」とあって、完全に漢文の文体です。でも、当時の書物としては「新しい時代の息吹が感じられる、論理的でわかりやすい日本語」だったのです。

日本語の基本トレーニングという意味では、現代の日本人も本当は漢文の素読をやったほうがいい。とくに小学生にはおすすめです。英文より漢文のほうが日本語に近いので、なじみやすいのではないかと思います。

ただ残念ながら、いまや漢文に親しんだのは50代以上の世代を残すのみとなりました。この本を読んでいるみなさんを含めて、漢文を学ぶ機会がないまま大人になった人たちが大半ですから、これから漢文を学ぶのは、ちょっとハードルが高いでしょう。でも、漢文をやらなくても、英文で鍛えることが可能です。

夏目漱石が近代日本語を大成した

論理的日本語というのは、実は英文とも浅からぬ〝因縁〟があります。

漢文の素養があることに加えて、英語、フランス語、ドイツ語など、欧米の言葉を学んだ作家や学者たちが、翻訳によって近代日本語の語彙《ごい》をつくっていったからです。

とりわけ注目すべき人物は、夏目漱石です。

「私たちがいま使っている日本語は、基本的に夏目漱石の財産である」

とさえ、私は思っています。

漱石は英文学者だったこともあり、小説のなかにうまく翻訳文体を取り入れ、こなれた日本語として提供しました。そういった翻訳特有の文体や語彙に加えて、大好きだった落語のテンポ感や勢いを混ぜています。その結果、

「直訳にありがちな、完全に整理された機械的な言葉ではなく、**かたすぎず、やわらかすぎず、バランスのとれた近代日本語**」

というものを大成したのです。

しかも小説には、『坊っちゃん』『吾輩は猫である』のような娯楽的な作品もあれば、教養にあふれた『草枕』とか、こまやかな心理分析をしている『こころ』などもあって、多種多彩な世界を描き出しました。

これらの作品の多くは新聞小説ですから、漱石の日本語は一般の人に広く伝わりまし

た。そうして国民の日本語力を定着させたという意味では、漱石は単なる人気作家ではなく、いまの私たちにとっても「模範」とするべき日本語をつくった偉大なる国民作家なのです。

たとえば「私の個人主義」という、学習院大学で行った講演の記録などを読むと、言いたいことがこまやかに表現され、なおかつ話も論理的につながっています。論理力と心情理解力、あるいはそれを表出する言語能力が非常にハイレベルに一体化されているのです。

『私の個人主義』（講談社学術文庫）に収録されたこの講演の後半のごく一部、権力と金力について語ってきて、軽くまとめたところを紹介しましょう。

今までの論旨をかい摘《つま》んで見ると、第一に自己の個性の発展を仕遂げようと思うならば、同時に他人の個性も尊重しなければならないという事。第二に自己の所有している権力を使用しようと思うならば、それに附随している義務というものを心得なければならないという事。第三に自己の金力を示そうと願うなら、それに伴う責任を重《おもん》じなければならないという事。つまりこの三ヵ条に帰着するのであります。これを外《ほか》の言葉で言い直すと、いやしくも倫理的に、ある程度の修養を積んだ人でなければ、個性を発展する価値もなし、権力を使う価値もなし、また金力を使う価値もないという事になるのです。それをもう一遍いい換えると、この三者を自由に享《う》け楽しむためには、その三つのものの背後にあるべき人格の支配を受ける必要が起って来るというのです。もし人格のないものが無暗に個性を発展しようとすると、他《ひと》を妨害する、権力を用いようとすると、濫用に流れる、金力を使おうとすれば、社会の腐敗をもたらす。随分危険な現象を呈するに至るのです。（以下略）

小説と併せて講演録や評論など、「国民文学」とも称される漱石の作品を、論理的日本語という観点から読んでみるのもいいのではないでしょうか。

漱石だけでなく明治の文豪たちのなかには、欧米の言語を訳すことによって日本語能力を高めた人が少なくありません。それも、漢文の素養があったうえでの積み重ねですから、文章構造に対する理解力がさらに鍛えられました。

たとえば、森鷗外はドイツ語を学んだ軍医であったたし、二葉亭四迷《ふたばていしめい》はロシア文学の翻訳を多く手がけ、坪内逍遥《しょうよう》はシェイクスピアを訳し、永井荷風《かふう》は英語・フランス語を習得しました。

日本語で正確かつ論理的なことが言えるようになったのは、彼ら文学者をはじめ、外国語に親しんだ人たちの功績と言えるでしょう。

〈レッスン3〉三島由紀夫を音読する

私は若い人に「三島由紀夫の『金閣寺』や、エッセイや対談をまとめた『若きサムライのために』などを音読するといいですよ」とすすめています。

官僚の家柄の三島は高い教育を受けているし、翻訳文体が身につき、分析能力にも優れ、非常に言語能力が高いのです。

彼の作品を読んだ学生のなかには、「何だか頭がよくなった気がします」という感想をもらす人もいます。それほど「頭のいい人間がちゃんと物事を伝えようとして書いている文章だ」という印象が強烈なのでしょう。

その高い言語能力は、たとえば『金閣寺』（新潮文庫）のなかのこんな言い回しに現れています。３か所ほどあげておきましょう。

私は今まで、あれほど拒否にあふれた顔を見たことがない。私は自分の顔を、世界から拒《こば》まれた顔だと思っている。しかるに有為子《ういこ》の顔は世界を拒んでいた。月の光りはその額や目や鼻筋や頬の上を容赦なく流れていたが、不動の顔はただその光りに洗われていた。

夜空の月のように、金閣は暗黒時代の象徴として作られたのだった。そこで私の夢想の金閣は、その周囲に押しよせている闇《やみ》の背景を必要とした。闇のなかに、美しい細身の柱の構造が、内から微光を放って、じっと物静かに坐っていた。人がこの建築にどんな言葉で語りかけても、美しい金閣は、無言で、繊細な構造をあらわにして、周囲の闇に耐えていなければならぬ。

私には美は遅く来る。人よりも遅く、人が美と官能とを同時に見出《みいだ》すところよりも、はるかに後から来る。みるみる乳房は全体との聯関《れんかん》を取戻し、……肉を乗り超え、……不感のしかし不朽の物質になり、永遠につながるものになった。

ムダな言葉がなく、実に論理的であるうえに心理描写はこまやか。哲学的内容をしなやかな日本語にしています。「日本語って、たいていのことがしなやかに言えるんだ」と、日本語に対する信頼感を持っていただけると思います。論理的日本語の練習だと思って、毎日少しずつでもいいので、『金閣寺』を声に出して読んでみてはいかがですか。

翻訳文体の論理は緻密で完璧

論理的な思考力は、おもに欧米で発達しました。

古代ギリシアの時代に、対話法、つまり意見の異なる者の間で、対話を通して真実の哲学的探究を行う思考法や、哲学のおおよそが出来上がりました。また、古代ローマの時代には、法律も整備されています。

やがて、キリスト教が登場して、教会が聖書と布教を通して言語を整備していきます。近代化が興って以降は、ガリレオ・ガリレイ、ニュートン、デカルトなどの科学者・哲学者が現れ、科学的な論理が構築されていきます。

こうして「科学を生み出した」時点で、かなり高い論理の水準を持っていた、とも言えるでしょう。

日本は、近代の法体系や経済システムを輸入しました。日本の憲法や法律、契約書など、制度の内容をしっかり規定しなければならない文書はだいたい、翻訳文体になっています。いまは日本語だと思われているものも、実は多くが翻訳によっているのです。

ただ文学とは違い、法律の文言などはこなれた日本語にはなっていないので、非常に読みにくい感じがします。でも、論理は正確で緻密、完璧に構築されているのです。私は東大法学部で法律を学びましたが、「法律とは、なんと精度の高い文章だろう」と感心したことを覚えています。

たとえば日本国憲法は、もともと英文で起草された条文を翻訳したものです。前文などは翻訳文の良さと悪さの両方を持っています。前文を読んでみましょう。

日本国民は、正当に選挙された国会における代表者を通じて行動し、われらとわれらの子孫のために、諸国民との協和による成果と、わが国全土にわたつて自由のもたらす恵沢を確保し、政府の行為によつて再び戦争の惨禍が起ることのないやうにすることを決意し、ここに主権が国民に存することを宣言し、この憲法を確定する。そもそも国政は、国民の厳粛な信託によるものであつて、その権威は国民に由来し、その権力は国民の代表者がこれを行使し、その福利は国民がこれを享受する。これは人類普遍の原理であり、この憲法は、かかる原理に基くものである。われらは、これに反する一切の憲法、法令及び詔勅を排除する。

日本国民は、恒久の平和を念願し、人間相互の関係を支配する崇高な理想を深く自覚するのであつて、平和を愛する諸国民の公正と信義に信頼して、われらの安全と生存を保持しようと決意した。われらは、平和を維持し、専制と隷従《れいじゅう》、圧迫と偏狭《へんきょう》を地上から永遠に除去しようと努めてゐる国際社会において、名誉ある地位を占めたいと思ふ。われらは、全世界の国民が、ひとしく恐怖と欠乏から免かれ、平和のうちに生存する権利を有することを確認する。

われらは、いづれの国家も、自国のことのみに専念して他国を無視してはならないのであつて、政治道徳の法則は、普遍的なものであり、この法則に従ふことは、自国の主権を維持し、他国と対等関係に立たうとする各国の責務であると信ずる。

日本国民は、国家の名誉にかけ、全力をあげてこの崇高な理想と目的を達成することを誓ふ。

一読しただけでは、内容がなかなか頭に入ってこないかもしれません。

最初から、「正当に選挙された国会における代表者を通じて行動し……」とあって、「ん?」という感じです。「ああ、選挙で選ばれた政治家が、国民の代表として政治を行う。ようするに、間接民主制を規定するということね」と理解するのに、ちょっと時間がかかるでしょう。

また「平和を愛する諸国民の公正と信義に信頼して」とか「専制と隷従、圧迫と偏狭を地上から永遠に除去しようと努めてゐる国際社会において、名誉ある地位を占めたいと思ふ」といった表現は、ふつうの日本語では使いません。だから、頭が混乱してくるわけです。もっとこなれた日本語にできそうなのに、とも思えます。

けれども、翻訳文体に慣れるにつれて、イライラしなくなります。「正確にものを言おうとすると、日本語ではこうなるんだな」ということもわかってきます。

実際、これをわかりやすい日本語に言い換えようとして、あんまり崩してしまうと、逆にわかりにくくなることが多いのです。言わなければならないことが抜け落ちて正確さを欠いたり、誤解を与えるあいまいな表現になったりで、翻訳文体が意外とよくできた日本語であることを再認識させられるでしょう。

ここは読みにくくても、がんばって翻訳文体に慣れる努力をしたほうがいいと思います。文章をつくるときの頭が丁寧になってきて、ものの言い方も正確になります。

翻訳文体の典型例としては、ほかに契約書があります。

法律や契約書などの翻訳文体を読み続けることは、論理的日本語力を身につけるためのいいトレーニングになります。

その際に注意したほうがいいのは、「日常の会話にまで強く影響されるほど、トレーニングをしすぎない」ことです。

たとえば、法学部の学生のなかには、毎日法律を勉強しているせいで、ふだんも理屈っぽい話し方になってしまう人が多いのです。さまざまなケースを想定し、全部を場合分けして、厳密に話すクセがついてしまうためです。

これがあまりに強く出ると、話がまどろっこしくなって、聞き手を混乱させ、敬遠されることにもなりかねません。

その辺は、厳密に話すことが必要な場面と、ラフに話していい場面と、バランスをとることも忘れないようにしてください。

〈レッスン4〉翻訳の海外小説に親しむ

法律の条文に対して「ちょっと敷居が高い」とか「読んでいておもしろくない」と、いまひとつやる気が起きない人は、海外の小説を読む方法があります。

最近は〝内向き志向〟が強くなっているようで、海外の小説があまり読まれなくなっているようです。しかし、私自身は、海外の小説でかなり論理的思考力が鍛えられたので、その体験から、もっと積極的に海外の小説に親しんでほしいと思っています。

ただし、最近「新訳」としてどんどん出版されている翻訳ものは、論理的言語力を身につけるにはやや不向きかもしれません。かなり日本語としてこなれたものが多く、頭にすっと入ってきて、トレーニングにならないからです。

比較的古い翻訳もののほうがこなれていない〝ぎこちない日本語〟なので、勉強になるかと思います。

私のおすすめは、『フリッカー、あるいは映画の魔』（セオドア・ローザック著・田中靖訳／文春文庫）です。訳がぎこちないというよりは、刊行された2000年ごろに非常に話題になったおもしろい本なので、翻訳文体特有の難解さはあっても、比較的楽に読み続けられると思うからです。

この本の内容をざっくり言うと、「幻の映画監督マックス・キャッスルの映画を見た主人公が、B級としか評価されないその監督の魅力に囚われ、作品の謎を追っていく」というもの。映画の歴史から1950〜1960年代のアメリカの映画事情、撮影技術、哲学的考察まで、多様な観点から映画が描かれていて、心地よい知的刺激も受けます。

たとえば、上巻（59ページ）に、こんな文章があります。

……映画の技術に関してはその道の権威に伍して語ることもできたが、そうした手段を映画本来の意味より上位におくことは許さなかった。映画は視覚によるイリュージョンの器以上の存在であり、ページにしるされた活字に匹敵する大きな可能性をはらむ、目で味わう文学なのだとクレアは主張した。映画が提示する声に耳を傾け、そのヴィジョンに目をゆだねよとぼくは彼女から教えられた。

全編がこういった感じですが、これを「翻訳文体だからわかりにくい」というのはスジ違いで、正確な文章なのです。

たしかに、翻訳作品のなかには、何を言っているのかわからないものもあります。それは訳文が悪いということで、論理的日本語の勉強にはなりません。丁寧に読めば意味はわかる、良質な翻訳作品を選ぶことが大切です。

また、翻訳文体に慣れてきたら、ワンランク上の哲学書に挑戦するのもいいでしょう。とくに〝フランスもの〟は、論理を駆使する方法が感覚表現も含めて非常に細かいので、やりがいがあります。

ミシェル・フーコーやミシェル・ド・セルトーなどを試しに読んでみてください。たとえば、フーコーの『言説の領界』（慎改康之訳／河出文庫）はこんなふうです。

私は本日、自分が行う仕事の場所を定めるために――あるいはおそらくほんのつかの間の舞台を定めるために――一つの仮説を提出したいと思います。その仮説とは、あらゆる社会において、言説の産出は、いくつかの手続きによって、すなわち、言説の力と危険を払いのけ、言説の偶然的な出来事を統御し、言説の重々しく恐るべき物質性を巧みにかわすことをその役割とするいくつかの手続きによって、管理され、選別され、組織化され、再分配されるのだ、というものです。

我々の社会のような一つの社会においては、もちろん、排除の手続きが知られています。そのなかでも最も明白かつ最も馴染み深いもの、それは、禁忌です。すべてを語る権利などないということ、いかなる状況においてもあらゆることについて語りうるわけではないということ、誰もがいかなることについてでも語りうるわけではないということ、これは、周知の事実です。対象をめぐるタブー、状況に応じた儀礼、語る主体の特権的ないし排他的な権利。こうした三つのタイプの禁忌が、互いに交叉し合ったり、強化し合ったり、補い合ったりして、絶えず変更を被る複雑な格子を形作りながら作用しているのです。

ちょっと気持ち悪くなりましたか。

でも、こういった翻訳文体に慣れると、論理が錯綜《さくそう》する複雑なものもかなり頭に入るようになります。

映画の字幕スーパーで日本語力を鍛える

海外文学があまり読まれなくなったのと同様、最近は映画も、洋画より邦画のほうが人気は高いようです。洋画を見るにしても、字幕スーパーより吹き替えが好まれるとか。「読むのが面倒くさい。吹き替えで聞くほうがラク」と言われればそれまでですが、ちょっともったいない気がします。というのも、字幕スーパーは「短い時間のなかに日本語を詰め込む」作業のなかで、論理性の高い文章に仕上げられているからです。

耳から英語を聞き、字幕スーパーの日本語を読んでいると、「こんなに複雑な英語が、ここまでスッキリした日本語で表現できるんだ」と驚くほどです。そこにおもしろさを感じながら、論理的な日本語の能力も鍛えられるのです。

しかも、映像を「見る」わけですから、登場人物の表情から心の動き、つまり非言語的情報を読み取ったり、場面ごとに描き出される風景の美しさを味わったりしなければなりません。

意識しないかもしれませんが、字幕スーパーで映画を見ている2時間は、英語のニュアンスを聞き取る一方で、目で日本語を読み、映像全体も見るという、非常に疲れる作業をしているわけです。

私はほぼ毎日、字幕スーパーつきの洋画を1本、ときには倍速モードで見ています。好きでやっていることですが、それが英語由来の論理的日本語力を磨く訓練になっていると実感しています。

吹き替え版だけを見ている人に比べると、〝字幕スーパー派〟のほうが、映像イメージと英語と字幕の日本語を同時に認識している点において、頭の働き方が格段に違います。映画を楽しみながら、論理的日本語力が鍛えられるのですから、まさに一石二鳥ですね。

外来語を上手に取り入れる

日本人の祖先は、漢字という非常に難しい外国語の文字を日本語に取り入れました。このことを高島俊男先生は『漢字と日本人』（文春新書）という本に、「中国語（漢字）と日本語は非常に不幸な結婚だった。しかし、もう離婚はできない」というようなことを書いています。

たしかに、中国語と日本語はまったく異質の言語です。何らかの共感があって惹《ひ》かれ合い、いっしょになるのが「幸せな結婚」だとしたら、ちょっと乱暴なたとえですが、「生まれも育ちも違い、会ったこともなく、互いのことを何も知らない男女が出会い頭に結婚してしまったけれども、寄り添って生きる間に離れられなくなった」という感じでしょうか。

日本語にはこの実績があるのですから、後に欧米から流入した外来語にも寛容であっていいはずです。「カタカナ語にビビらない」のが、先祖に対する感謝の気持ちかなぁとも思います。

実際、近年は英語を中心とする外来語が、ものすごい勢いで日本語に取り込まれています。新聞やテレビなどを通して、大半の日本人が当たり前のように使っている言葉もたくさんあります。

なかにはサラリーマン、OL、ノートパソコン、ブラインドタッチ、コンセントなどのように、「和製英語」と呼ばれる、海外では通じないものまであって、その是非はともかく、外国語に対する日本人の器用さを感じるほどです。

もはや、カタカナ語に対して「それは日本語ではない」などと、頑《かたく》なになりすぎるのは問題でしょう。

私が講演会で、「リスペクト」という言葉を使ったときのこと。会場から「リスペクトとは何ですか。日本語ではありません」という声があがりました。

そのときは「そうですね、尊敬しているというニュアンスですが、ちょっと重い感じがしますよね。だから、ちょっと軽めに言いたいときに、『リスペクトしている』と言う。そういう時代の流れなんですよ」と壇上から説明させていただきました。

しかし、そこまでカタカナ語を憎むのはいかがなものでしょうか。それに、漢字を憎まなかったからこそ、日本語の現在があるわけで、それこそ先祖に対するリスペクトがない、というふうにも感じます。

現実問題として、カタカナ語を使ったほうが、意味が通じやすいことはけっこうあります。

たとえば、「コンセプト」。日本語で「概念」とすると、かたい感じがします。「趣旨」とか「狙い」「視点」などと表現することもできますが、何だか違う感じがする。かといって、「核になる考え方とかイメージとか、そういう大切なもの」などと説明するのは、いかにも面倒くさい。「コンセプト」と言ったほうが、何となくスルリと通じます。

また、「アイデンティティ」というカタカナ語はすでに市民権を得た感があるものの、いざ説明するとなると難しいでしょう。訳すとすれば「存在証明」でしょうか。

なにしろE・H・エリクソン（アメリカの発達心理学者・精神分析家）は『アイデンティティ』という本を書いているほどで、ちゃんと説明するには時間がかかります。でも、使われる場面が増えたことで、「アイデンティティ」と言えば何となくわかる人が増えてきました。

とはいえ、よくわかっていない外来語をやたらと使うのは考えものです。自分でも意味がよくわかっていなくて、ろくに説明もできないのに使ってしまうと、話が上滑りしてしまいます。そんなところが見えると、聞くほうはあまり気分がよくありません。

また、業界用語としては通用しても、一般的には認知度が低い言葉は、使う場面を限定したほうがいいでしょう。「このカタカナ語はまだ日本社会になじんでないな」とか「業界のなかでしか通用しないな」と思える言葉については、**うまく日本語つきで言うのが無難**ではないかと思います。たとえば、

「この件はペンディング（未定の、懸案の）ということで、保留でいいですか」

「この課題については各自が能力をブラッシュアップ……まぁ、磨きをかけてがんばりましょう」

「この2つの件はシナジーといいますか、相乗効果の出ることが期待されます」

といった具合に、日本語に直せるものは直して使うといいでしょう。

もちろん、すでに日本語のなかに溶け込んでいるカタカナ言葉なら、日本語に訳さなくてもOK。うまく使いこなしてください。

目安としては、新聞やテレビがその外来語をセレクトしているかどうかです。訳や解説抜きで使われていれば、その外来語を知っているのがいわば常識だと判断できます。

〈レッスン5〉外来語を使いこなす

参考までに、「このくらいの外来語は使えたほうがいい」というものを、ざっと集めてみました。念のため、一応の訳もつけておきましたので、例文をつくってみてください。

・アウトソーシング（業務の外部委託）
・イシュー（問題）
・イノベーション（技術革新）
・インタラクティブ（双方向的、相互作用的）
・エビデンス（証拠）
・キャパシティ（許容量）
・コモディティ（商品、日用品）
・コンセンサス（合意）
・コンテンツ（中身、内容）
・コンペティター（競争相手）
・シーズ（種、原因）
・スキーム（枠組み、計画）
・セクター（部門、分野）
・ドクトリン（教義、教理）
・アライアンス（協力、提携）
・イニシアティブ（主導権）
・インセンティブ（報奨金、刺激）
・オーソライズ（公認すること）
・コミットメント（約束、関与）
・コンサバティブ（保守的）
・コンテクスト（文脈）
・コンプライアンス（法令遵守《じゅんしゅ》）
・サーベイ（調査）
・シナジー（相乗効果）
・スタンス（立場）
・ソリューション（解決策）
・ドラスティック（思い切った）

- バイアス（偏見、偏向）
- バッファー（緩衝）
- パラドックス（逆説）
- フェーズ（局面、段階）
- ブラッシュアップ（磨きをかける）
- ブレインストーミング（自由にアイデアを出し合う）
- マター（事柄、問題）
- ユーティリティ（効用）
- ラジカル（急進的）

- バジェット（予算）
- パラダイムシフト（通念の打破）
- バロメーター（指標）
- プライオリティ（優先順位）
- マイルストーン（一里塚、節目）
- モラルハザード（倫理の欠如）
- リスクヘッジ（危険回避）

カタカナ語に漢字のルビをつけてみる

ルビ（ふりがな）は通常、難しい漢字にひらがなでつけます。でも場合によっては、漢字にカタカナ語のルビをふってもいいし、逆にカタカナ語に漢字のルビをふってもいい。あるいは、歌謡曲の歌詞や漫画でよく使われるような、漢字本来の読み方とは異なる〝当て字風〟につけることもできます。

このように、ルビを単なるふりがなではなく、言葉の意味を説明するものと捉えれば、使い道が広がります。

たとえば、坪内逍遥はルビを自在に駆使するのが得意な作家でした。『当世書生気質』の最初の40ページくらいを見ただけで、

これらはいはゆる統一《ユニティ》と、変化《バラエティ》とを併《あわ》せ得たる、有旨趣的《ゆうししゆてき》の美貌《びぼう》ぞとは、とんだ書生風の妄評《ぼうひよう》にて、世間に通ぜぬ陳腐漢《ねごと》にこそ。

餘《よ》ッ程《ぽど》君を愛《ラブ》してゐるぞう。

泥酔漢《ドランカアド》が七、八人出来をつたから、倉瀬と二人で辛うじて介抱して、不残《みんな》車にのせてやつた。もうもう幹事は願下《ねがいさげ》だ。ああ、辛度々々《きつかきつか》。

我輩《わがはい》の時計《ウオツチ》ではまだ十分位《テンミニツ》あるから、急《せ》いて行きよつたら、大丈夫ぢやらう。

歴史《ヒストリー》を読んだり、史論《ヒストリカル・エッセイ》を草する時には、これが頗《すこぶ》る益をなすぞウ。

など、漢字にカタカナ語というか英語のルビをふる例がてんこ盛り。以後も「金満」に「リッチ」、娼妓に「プロスチチュート」「プロ」、「現実」に「リアル」、「架空癖」に「アイデヤリズム」、「荒唐奇異」に「ロマンチック」、「白状」に「コンフヘッス」など、この一冊を読むとちょっとした英語の勉強になるくらいの勢いで頻出します。

逍遥に限らず漱石も、たとえば『三四郎』に「肉刀《ナイフ》と肉叉《フォーク》を動かしてゐた」というような表現が見られます。

こういった例に倣って、すでにカタカナ語として定着しつつある言葉に関して、カタカナ語に漢字のルビをふるというのも、かっこいい日本語の使い方ではないかと思います。

たとえば、逍遥が「裏面の利益《ネガチーブ・アドバンテイヂ》」としたのを逆にして、「ネガティブ・アドバンテージ《裏面の利益》」とするとか。

カタカナ語が増えてきたいまは、こういうスタイルがあってもまったく違和感はないでしょう。挑戦してみてください。

3章

混ぜると論理が破綻する

話が混乱する、よくある原因とは?

発言の根拠を明確にする

論理の破綻は多くの場合、混ぜてはいけないものをいっしょくたにして論じてしまうところから生じます。

そのひとつに、何十年も前の経験や出来事を、あたかも今し方のことのように話すことがあります。たとえば「中国は20年前の日本と似ている」のような言い方です。自分が中国を旅行したのはもう10年以上前で、その1回の経験しかないにもかかわらず、「見聞に基づく持論」とばかりにふりかざして「中国のいま」を語るような人がけっこういるのです。

10年前といえば、日本は東日本大震災からの復興を目指す真っ最中で、その時点から20年さかのぼれば、崩壊直後とはいえバブル経済の余韻に浸っていた時期です。たしかに、その人が旅行したころの中国は、バブル期の日本と似たところがあったかもしれません。でも、コロナ禍を経たいまはまったく様相が変わっています。

ここは「私が10年前に行った中国は、その時点における日本の20年前、バブル期の日本と似ていた」とでも言わないと、聞いている人は混乱するだけです。そもそも、そんな経験を持ち出すこと自体、その場にふさわしい発言なのかも疑わしいところですが。

また、よくありがちなのは「近ごろの若い者は心が折れやすくて、指示待ち人間どころか、指示してもちゃんとできない」といった言い方でしょう。

問題は、何を根拠に〝近ごろの若い者説〟を展開しているのか、ということです。何かデータ的なものがあるのか、近ごろの若い者１００人と接しての見解なのか、それとも自分の周りにいるほんの数人の若い者を見て「みんな、そんなもんだろう」と憶測しただけなのか。その辺をはっきりさせないと、非論理的だと言わざるをえません。

このような例はごまんとあります。とくに最近は、ＳＮＳの功罪というべきか、うわさ話とか風聞《ふうぶん》レベルの不確かな話がアッという間に広がるご時世です。根拠となるデータもなく、自分が現実に見聞きしたわけでもないことを、誰かが軽々しく発言すると、それがあたかも事実であるかのように流布してしまうのです。たとえば、

「イスラム教徒って、ちょっとやばいよね」
「やばい、やばい。もともと『目には目を、歯には歯を』っていう危険思想の持ち主だしね。過激な行動をする人ばかりだよね」

などという非論理的な言説が増えて、それに世論が支配されるようになると、危険なことにもなっていきます。そういうふうに真実を意図的に操作する人にだまされやすくもなります。

だから、**論理トレーニングの基本は「混ぜるな、危険！」がキーワード**。十把《じっぱ》一絡《ひとから》げにして物事を語ってはいけないし、思い込みや決めつけにとらわれないこと。根拠のないことを事実のように語ってもいけません。

それは事実なのか、非事実なのか

「混ぜるな、危険！」という〝論理の地雷〟を踏まないためには、事実と非事実を厳しく峻別《しゅんべつ》することが最優先事項と言ってもいいでしょう。

それで思い出すのが、アメリカの作家ジェフリー・ディーヴァーの「リンカーン・ライム」シリーズです。主人公のリンカーン・ライムは科学捜査の天才で、微細証拠物件を徹底的に調べ上げる実証主義者。彼の手足となって活躍する元モデルの女性警察官アメリア・サックスに、しょっちゅう小言を言っています。

サックスが「犯人が残したものがあります」と言えば、「犯人とは限らないだろ。犯人とおぼしき者が残していったと思われる、だろ。大違いだ」と正すなど、非常に口うるさいのです。それはもう、事実か非事実かにここまでこだわるのかとあきれるくらい。ライムは、ホワイトボード上に列挙された諸事実をひたすら見つめながら、事実をつなぐ推理を働かせます。

このシリーズは、どんでん返し的なおもしろさがあるうえに、事実と非事実を峻別する際の視点や、微細証拠を積み上げて論理を構築していく手法などが学べて一石二鳥。勉強と娯楽を兼ねて、ぜひ読んでいただきたい作品群です。

それはさておき、何か話をするときは、事実か非事実かを明確に区別するのが論理的な話し方です。「それは事実か非事実か」を問いかけ、事実であるなら断定的に「……である」「……です」と言っていい。

でも、非事実であるならば、最初に「事実ではありませんよ」ということを断っておく必要があります。

日本語はふつうの語順でいくと、事実か非事実かを示す言葉が最後にきます。たとえば「……と思います」とか「……と思われます」「……と推測しています」「……と夢見ています」「……と言われていますが、真偽のほどは怪しいものです」といった具合です。

そうなると、聞いているほうはずーっと事実だと思っていたのに、最後の最後に肩すかしを食わされることになります。これでは、言っているほうは事実と非事実を分けたつもりでも、聞いているほうにとってはいっしょくたにしているのも同然です。しかも悪気がなく、最後に事実か非事実かを示す述語を言うことすら忘れる場合もあります。

いずれにせよ、まずい話し方と言わざるをえません。

そういった混乱を避けるために、**冒頭で事実なのか非事実なのかを明らかにしておく**

といいでしょう。論理的な話し方のところでも触れた「主語と述語をなるべく近づける」スタイルです。次に便利な言い回しを列挙しておきます。

【事実を言う場合】

- 私はこんな経験をしました（経験した事実を話すとき）
- 私はこう聞いています／新聞やテレビではこう報道されています（「聞いた」「報道された」という点で事実だが、その話が事実であるかどうかはわからないとき）
- データはこうなっています（データだけを説明するとき）

【非事実を言う場合】

- これは私の考えですが／私見ですが
- 私が主張したいのは
- 私の推測では／私の希望的観測では
- データから推測すると／メディアの報道から推測すると
- 私の経験では／私が聞いた話によると

このように、最初に事実か非事実かを述べておくと、事実誤認による混乱は防げます。

加えて、非事実の蓋然性《がいぜん》については、必要に応じてその推測が事実にどのくらい近いものなのか、グレードを言うようにしてください。

データなどからおおよその線が計算できるなら「私の推測では、90％以上の確率でこうなります」などと数値を入れる。あるいは、「かなり高い確率で予測されることはこうです」とか「どうなるかはフィフティ・フィフティですが、私はこう思います」「株の動きを過去のデータから予測するのはほぼ不可能ですが、ここ1年の動きはこうなっています」などという言い方をするといいと思います。

また、自分が話すときだけではなく人の話を聞くときにも、それが事実なのか、非事実なのかを確認したほうがいいでしょう。「いまの話は事実なの？　それとも君が考えたこと？　推測したこと？　もし推測であれば、根拠は何？」というふうに。

〈レッスン6〉事実と非事実を色分けする

身の回りにある新聞や雑誌の記事、論文、各種ビジネス文書などを教材に、マーカーで事実と非事実を色分けしてみましょう。

それぞれどういう表現できちんと峻別されているか、逆に、いっしょくたになっていて意図が正確に伝わっていないかなどがよくわかります。練習を重ねるうちに、しだいに感覚が研ぎ澄まされていきます。

そのうえで、自分が話す・書くときにいい例は取り入れる、悪い例は排除する、というふうに心がけてください。

比喩《ひゆ》を根拠のように扱わない

何か説明するときに、比喩というのは大変便利なものです。とくに難しいことを言う場合、類似したものを借りて表現すると、とたんに腑《ふ》に落ちるようなことがあります。しかし、安易に使うのは禁物です。まったく構造の異なるものにたとえたら、かえって話がわかりにくくなる場合があるからです。

たとえば、難しいことがだんだんやさしくなることを「水が高きから低きに流れるようなものだ」というたとえがあります。『孟子』のなかにある「水の低きに就《つ》くが如し」から転じたもので、本来は物事の自然な成り行きを表現したものです。物事の難易度を意味するわけではありません。

この例などは、するっと聞き・読み流してしまいがちですが、論理的ではありません。私などはつい「煙は下から上に昇るじゃないか」と言いたくなります。そういう違った解釈ができること自体が論理的ではないのです。

また、「人生は山を登るようなものだ」というたとえもよく使われるもののひとつでしょう。山登りには大変な難儀が伴う、それを苦労の多い人生にたとえているのですが、これも論理的ではありません。

第一、楽に登れる山もありますから、前提が正確ではない。それに、この言葉は暗に、頂上に立ったときの気持ちよさをゴールと捉えている部分がありますが、峻嶮《しゅんけん》な山なら遭難して苦労が報われない可能性もあります。それも含めて人生と言われればそれまでですが、この比喩が主張したいことの根拠になりうるのか、ということです。

私は高校生のときに『孟子』や『老子』を読んで、比喩にすぎないものが、根拠のように説かれているところが多いことに気づき、違和感を覚えました。

「老子は水のように形の定まらないものが善だと言うけれど、水を入れる器のように、形あるものも役立つではないか。それは価値がないのか。岩だって、荒波に削られながらも、途方もない時間を、ほとんど形を変えずに存在し続けているわけで、そういう堅固さも尊いのでは？」

などと悩み、「論理はもう少し実証的なものでないとダメなのでは？」と思ったのです。さらに言えば、この種の比喩は詭弁《きべん》にすらなりうると。いまでは老子も孟子も好きですが、当時は気になりました。

もちろん、日常会話ではそれほど厳密に考えることもありませんが、論理的に話そうとするなら、「比喩を根拠のように扱わない」のが鉄則です。同時に、聞くほうの立場としては、一見、真実を言い当てているかのように錯覚する比喩に、だまされないことも大切です。

それは骨なのか、肉なのか、お化粧なのか

話には骨組みと肉付けと化粧があります。この3つの要素を区別することも「混ぜるな、危険！」の大事な要素です。

骨だけの話というのは効率的ですが、詳しい内容がわからないし、味気ないものです。また肉付けの話ばかりだと、そのなかに骨が埋もれてしまい、肝腎なことを強調して伝えることができません。

さらにお化粧の部分を厚くしすぎると、話の正体がほとんどわからなくなってしまいます。

これは家を建てるときのことをイメージするとわかりやすいでしょう。土台と柱・梁《はり》などの骨組みの写真を見ると、何となく家の外観は想像できますが、部屋がいくつある

のか、浴室やトイレ、階段などはどうなっているのか、といった具体的な造りはわかりません。かといって、部屋の造作やインテリアなどの情報だけを詳細に与えられても、全体としてどういうイメージの家になるかがわかりにくいですね。

大事なのは、自分がいま話しているのが骨なのか、肉なのか、お化粧なのかを常に意識することです。

話が骨から肉に移るときは、「具体的に説明しますと」と前置したり、「たとえば、こういうことです」と例をあげて説明したりする。逆に、肉から骨に戻るときは、「まとめますと」「ようするに」「話を戻して、もう一度ポイントを言いますと」と言い直す。それを習慣づけると、話し手・書き手と聞き手・読み手の双方がストレスなく理解し合えます。

ちなみに、お化粧の部分は重要度で言えば低いものです。ちょっとくだけたエピソードを追加して笑いをとるとか、かたい話続きで疲れた聞き手の気持ちをやわらげたり、トリビア的な意外性で共感を得たりするような話です。

余計と言えば余計ですが、これがなかなか見過ごしにできません。「骨も肉もちゃんとしているけれど、何かおもしろくない。インパクトがない」という話では、なかなか聞いてもらえないので、お化粧の部分で聞き手を引きつける工夫が必要です。

同じマンションの一室でも、インテリアによって見え方が違ってくるように、話もお化粧しだいでおもしろくなるものなのです。

ただし、どんなにおもしろい話をしても、論理の本筋からはずれるようでは意味がありません。そこは忘れないようにしてください。

自分に都合のよいものだけをセレクトしない

伝えたいことがあって話す・書くわけですから、人間はどうしてもその主張にとって都合のいいものをセレクトしてしまう傾向があります。

たとえば、全体としては自分の主張と異なるデータでも、都合のよい部分だけを取るとか、メリットだけを強調して、デメリットには触れないことがよくあるものです。

セレクトする「目」に偏重があって、しかも都合のいい部分に強調点を置き、優先的に言うとしたら、たとえ故意にそうしたのではなくても、論理においてそれは「恣意《しい》的」で、必然性のない根拠でしかありません。

論理は客観性のうえに成り立つものです。都合のよいものをセレクトしたくなる気持ちはわかりますが、現実もしくは事実を歪曲《わいきょく》することになるので、注意が必要です。現実・事実を歪曲すると、その時点ですでに論理以前の、人をだます「あぶない言葉」にならないとも限らないのです。

では、どうすれば客観的な視点を持つことができるのか。これは実のところ、言葉の根底にある感情世界の問題だと、私は考えています。

つまり、論理的日本語の能力だけでは足りず、常に物事を客観的に見る視点自体も磨かなければいけない、ということです。感情世界の部分で、自分を大きく見せようとか事実を歪曲して伝えるというような、いわば主観的な視点を優先させても、それは上手に論理的日本語を操っているだけですから、言葉が上滑りしてしまいます。

目指すべきは、「私」を取り外して客観的な視点で物事を見て、分析して発言できる人間になることです。客観的な視点があってこその、論理的日本語力だということを肝に銘じましょう。感情をコントロールできることが、結果として言葉を本当の意味での論理的言語に変えていくのです。

トレーニングとしては、6章で詳しく説明する枚挙法（「枚挙の規則」。6章のレッスン14を参照）が有効です。事実を枚挙して見つめる練習をしてください。宮沢賢治が『雨ニモマケズ』のなかで「アラユルコトヲジブンヲカンジョウニ入レズニヨクミキキシワカリ」と言っている、あの精神に倣いましょう。

カオスから論理を構築する

「カオス的なものに出会ったら喜ぶ」

これから論理的日本語力を高めたいと思う人には、この心意気を持ってほしいと思います。というのも、事実も非事実も、骨も肉も、お化粧も話の脈絡も、すべてが混沌《こんとん》としている話ほど、論理性を高めてくれる〝教材〟はないからです。

混沌とした考えの意味するところを、効率よく通じさせるのが論理というものです。

そのカオスを整理して、論理を再構築する作業を通して、論理力が鍛えられるのです。

ですから、「あの人の話はこんがらがっていて、ワケがわかんないな」とか「この文章は、話があっちこっち飛んで、何が言いたいのかつかめない」といったことがあったら、通訳もしくは翻訳者の役回りを買って出るといいでしょう。

場合によっては、みんなが集まっているその場で、「この人が言いたいのは、これこれこういうことなんです」と説明役を買って出ましょう。カオス的な話をしている人は、自分で整理がつかない状態なので、代わりにまとめてあげると、気を悪くするどころか、「それそれ、それが言いたかったんだよ」と喜んでくれるでしょう。

もちろん、聞いている人たちだって、よくわからない話に相当ストレスを受けているので、〝通訳〟に対して感謝こそすれ、「出しゃばって、余計なことをするな」などと、はねのけるようなこともありません。それによって、ともすれば、よどみがちだった場の空気がカラリと晴れて盛り上がると思います。

また、自分のなかで論理が煮詰まってしまったときは、いったんカオスに戻してみましょう。あまり理詰めで考えると、整理されすぎて新しいアイデアが生まれにくいからです。

論理的なことが必ずしもいいわけではありません。実際、論理的に話す能力の高い人のなかには、仕事ができない人がけっこういます。

その理由は、考えをきっちり整理しようとする余り、新しいアイデアを取り入れたり、思考の枠をちょっとずらして別の視点から考えてみたりする余裕というか、頭の自由度が制限されてしまうからです。ようするに、杓子《しゃくし》定規な考えしか浮かばず、柔軟に物事を考えることがしにくくなるわけです。

どんなに論理的日本語力が高くても、それが新しい価値・アイデアの創造に結びつかないようでは、ビジネスにおいては「戦力としてもうひとつ」な感じでしょう。

だから、カオスが大事なのです。例によって枚挙する要領で、とにかく思いついたことをポンポンと紙に書き出してみましょう。それを整理・言語化して、論理を再構築することで、論理性はいっそう高まります。

「**カオスを言語化するところに、論理的な日本語の意味がある**」

そう、カオスは、頭を混乱させるいやなものではないのです。

ほかの人のカオスには耳をふさがずに喜んで受け入れ、自分のカオスに対しては、「よりブラッシュアップされた新しい論理を再構築するチャンス」と捉えること。それを習慣としましょう。

〈レッスン7〉KJ法にトライ

「KJ法」というものを知っていますか。これは、文化人類学者の川喜田二郎《かわきたじろう》さんがフィールドワークのために考案したものです。最初は、とにかくいろいろな事象のすべてを、カードとか付箋に書いて枚挙し、その〝カードの山〟を俯瞰《ふかん》しながら、関連する物事にグループ分けしていく思考整理の手法です。

内容や性質がまちまちな情報をまとめて整理するのに非常に便利なので、みなさんもぜひ試してみてください。少人数のグループでも、ひとりでもOK。手順はざっと、以下のとおりです。

①ワード収集――テーマを決めて、関連する事実や意見をできる限りカードに記録します。1枚のカードに1件。この段階では取捨選択せず、とにかく書き出します。

②カードをすべて机の上などに広げて、それぞれのカードの内容を読み取ります。

③似た内容のカードを集めて、まず小さなグループに分けます。最初に大きなグループを作るのはNGです。その際、どのグループにも分けられないものは、ムリにグルーピングせずにそのまま〝一匹狼〟にしておきます。

④小グループごとに、内容をピタリと言い表す表札（タイトル）をつけます。

⑤表札を見ながら、小グループを中グループにまとめていきます。

⑥グループ分けの作業を何度か繰り返し、10個前後のグループにまとめて束にし、内容を概観する表札をつけます。

⑦グループ相互に論理的関連性ができるように、グループ内のカードの束を並べ替えます。

⑧グループ間の関連を示す記号を使って図解し、それをもとに文章化します。やってみるとわかりますが、頭がしだいにクリアになっていく感じで、なかなかお

KJ法

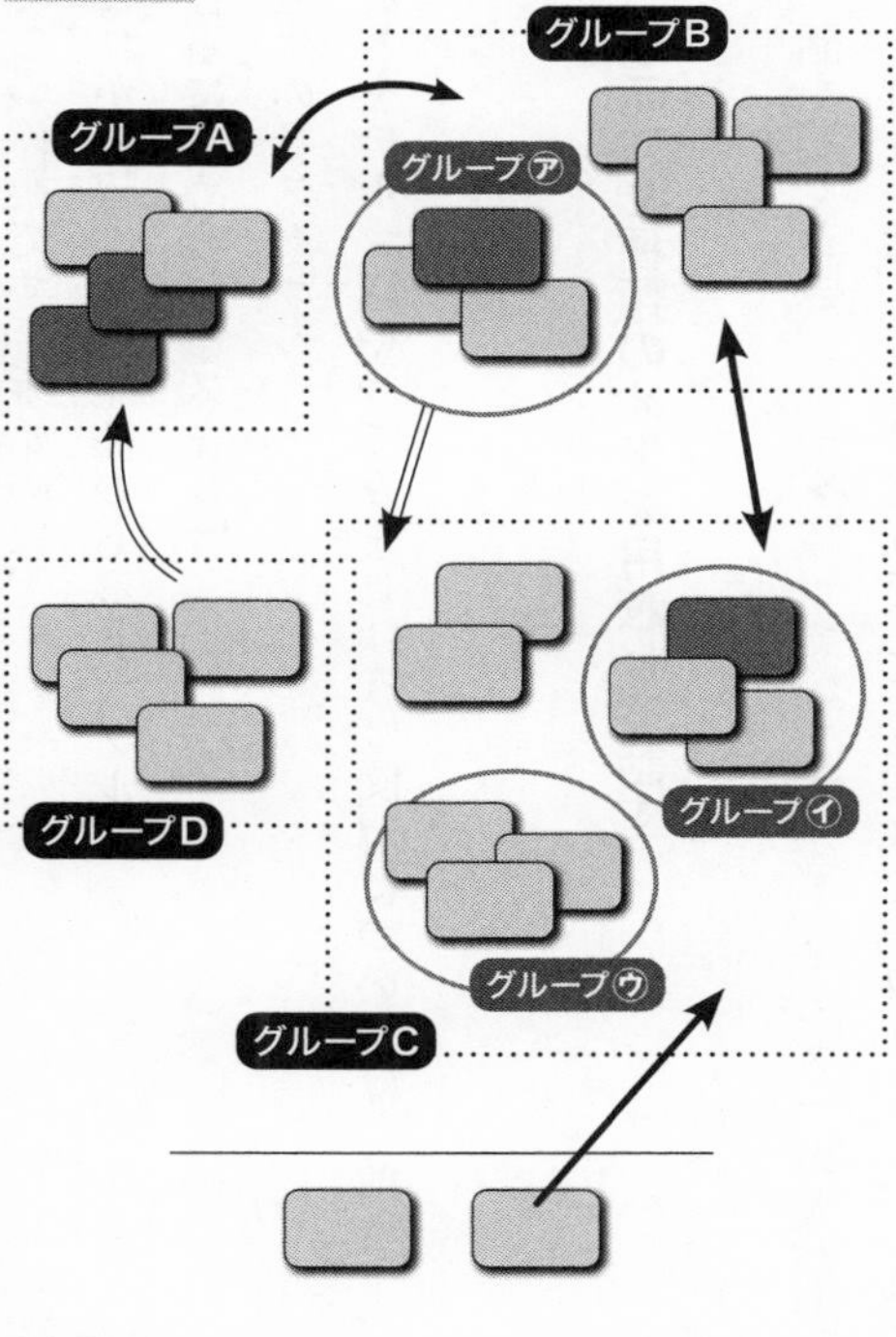

情報が整理できたら、文章にまとめてみよう。

もしろい作業です。手始めに、

「これから起こる可能性のあるトラブル」

「仕事に求められるスキル」

「人生のリスク」

などをテーマにやってみましょう。図解については、前ページを参考にしてください。

手元に2種類のメモを用意して話す

人の話を聞くとき、メモを取っていますか。「イエス」の人が多いことでしょう。

では、自分が話すときはどうでしょう、メモを取りますか。ほとんどの人が「ノー」ではないかと推察します。「だって、意味ないのでは?」という声が聞こえてきそうです。

でも、私はメモをしながら話すようにしています。なぜなら、そのメモをちらちら見

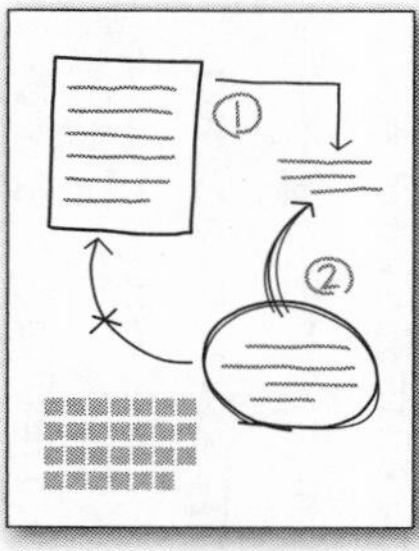

自分が話すとき取るメモ

レジュメ代わりのメモ

ていれば、自分が話したことに矛盾はないか、整合性がとれているか、前に言ったことを繰り返してはいないかなどをチェックできるからです。

ときには、よりわかりやすく伝えるために、手元で図やグラフを書きながら説明することもあります。それによって、自分の頭も整理されます。

加えて、話す前にあらかじめレジュメ代わりのメモを用意します。こちらは、話すことのポイントを順番に箇条書きにしたものです。チェックボックスをつけて、話し終わった項目に「✓」を入れています。

こうすると、話す順番を間違えないし、もし話すうちに文脈につられて順番を忘れてしまったとしても、チェックボックスに「✓」がついていなければ「あ、まだこれを言っていなかった」と思い出すことができます。結果、漏《も》れなく話すことができるのです。

　もちろん、長時間にわたって込み入った話をするときは、ちゃんとしたレジュメを用意したほうがいいのですが、そうでない場合はメモ程度のもので十分です。

　こういうレジュメ代わりのメモも用意せず、話をしながらメモすることもしないと、話に不備が生じてしまいます。みなさんも〝メモトーク・スタイル〟を参考にして、大いにメモを活用してください。

4章

慣れると便利な実践ワザ

論理的に聞こえるテクニックとは?

思考の基本は「二項対立」

人間の思考では、物事を対立や矛盾の関係にあるAとBの2つの概念に分けて、世界を単純化して捉える「二項対立」が基本になります。単純な例で言えば、「男と女」「精神と肉体」「仕事と遊び」「善と悪」といった捉え方です。

いわゆる勧善懲悪《かんぜんちょうあく》の物語が好まれる理由のひとつもそこにあります。善なるAと悪なるBがいて、BがAを侵食しようとしてA対Bの戦いになり、悪Bが優勢になる。しかし、最終的にはAがBに勝つ。そういう構図が非常にわかりやすいのです。

でも、AとBのほかに、たとえばヒンドゥー教の「創造と破壊の神・シバ」みたいな、A・B両方の性質を併せ持つCという存在が登場すると、それを受け入れるのにちょっとしたメンタルタフネスが必要になってきます。

もちろん、もっと細かく分けることもあるのですが、私たちのふだんの頭はそう複雑なことは考えられません。限界は3つ、というふうに私は考えています。

数学でも、X軸とY軸でできる二次元（平面）は理解しやすくても、Z軸が入って三次元（立体）になるとちょっと身構えてしまいますね。アインシュタインはそこにT（時間）軸を入れて四次元とし、あの画期的な相対性理論を提唱しました。ただ、多くの人は四次元になった瞬間に、「あー、もう考えたくない」と拒否反応を起こすことでしょう。

論理の世界もそれと似ています。とくに聞くほうにとっては、「できれば2つにしてくれないか」というのが本音なのです。

単純すぎると思うかもしれませんが、かなり難しい評論も多くが二項対立で構成されています。なかには、まずAとBに分けて、Aのなかにa、bがあり、さらにaのなかにa´、b´があって……といった具合に、二項対立のなかで複雑化させていくスタイルもあります。これについては後で述べますが、二項対立だけで論理の相当部分をカバーできます。

加えて、二項対立は単純とばかりも言い切れません。世の中には「Aしか考えられない」あるいは「自分の考えと異なるBをすべて否定する」タイプの人もいます。これは二項対立ではありません。

たとえば、近ごろは日本礼賛が一種のブームになっていますね。でも「日本は素晴らしい。諸外国はすべて劣っている」というふうに考えると、話は非論理的になっていきます。このような二項対立は、前提自体がおかしいのですが、そこに目をつぶったとしても、日本と諸外国双方の良い点・悪い点を公正に分析しなければ論理が成り立ちません。

私たちは論理を身につけ実践する出発点を、「二項対立をうまく使いこなす」ことに置いて、学んでいくことにしましょう。

観点を示して共通点・相違点を表す

一番初歩的な段階では、「共通点か相違点かを明確にする」ことです。「AとBは同じ」なのか、「AとBはまったく違う」のか、あるいは「AとBは似ているようだが、ここが違う」「AとBは違うようだが、ここが似ている」のかを区別する、ということです。

極端に単純化して言うと、「2つのことについて共通点を言うか、相違点を言うか、どちらかの手法を駆使すれば、論理的にはだいたいOK」なのです。

その際に大事なのは、「観点を示す」ことです。たとえば、「商品Aと商品Bは、価格で見ればほぼ同じです。でも、素材が違っていて、Aは○○、Bは××を使っています。ですから、耐久性においては、Aのほうが優れています」といった具合。

観点を示さずに「Aのほうがいい」とか「A、Bどちらも同じだ」などと言うのは、非論理的です。観点さえ示せば、だいたいの説明は論理的になります。

日本語には、「○○的には」「という点から見ると」「○○の面に注目すると」「という側面があります」など、添えることで観点を示す便利な表現がたくさんありますので、大いに活用しましょう。

漢字熟語を使い慣れる

漢字の二字熟語には、対の意味の漢字を組み合わせたものがあります。簡単なところでは「天地」「上下」「高低」「善悪」「難易」など。そのなかには、思考を論理的に整理するのに、非常に便利なものがたくさんあります。いくつかを、使い方とともにあげてみましょう。

- 需給——需給バランスで言いますと、需要は……、供給は……になっていて
- 公私——公私ともに関係が深く、公の部分では……、私の部分では……
- 損得——損得勘定をしてみますと、損が得をこれだけ上回り……
- 是非——事の是非はさておき、実態としては……
- 優劣——二者を比較すると、優劣つけ難いところですが、この点においては……
- 硬軟——硬軟とりまぜてお話ししますが、まず硬いほうの話としては……

このように対の意味をセットにした熟語がある一方で、反対語になる熟語との組み合わせ、「的」の字をつけて二項対立とし、これを軸に論理を組み立てる便利な方法もあります。

・直接的——間接的　　・観念的——実践的
・包括的——個別的　　・主観的——客観的
・総論的——各論的　　・一面的——多面的
・実質的——形式的　　・一義的——多義的
・相対的——絶対的　　・蓋然《がいぜん》的——必然的

使い方としては、「総論的にはこうなっていて、各論的にはこうで」とか、「さまざまな影響があるなかで、直接的な影響にはこういうものがあって、間接的な影響にはこういうものがあります」といった感じになります。

ただし、「的」の使いすぎは要注意です。よく使われる表現に、「自分的には」とか「流れ的には」などがありますが、これらは、「私は」「流れは」と表現したほうがすっきりします。

また野球の解説で、ピッチャーの投げた球を「高さ的には」「コース的には」のような言い方を耳にすることがありますが、これも「高さは」「コースは」でいいでしょう。

〈レッスン8〉漢字熟語に強くなる

二項対立とは別の話になりますが、私たちはせっかく漢字文化の洗礼を受けたのですから、熟語をうまく活用したいものです。漢字熟語を思考の軸にすると、論理的日本語力のレベルアップにつながると思います。

また、いろいろな概念を表すときは、漢字熟語能力が高ければ高いほど、論理的かつ豊かな表現ができます。それを鍛えるのも重要でしょう。

そこで、問題です。「信」という漢字から、あなたはいくつの熟語を思い出せますか。

信愛・信義・信仰・信者・信条・信賞必罰・信心・信任・信念・信憑性・信用・信頼・威信・過信・自信・背信・半信半疑……

実にたくさんありますね。「信」という概念を中心にして、私たちが多くの熟語をイメージできるのは素晴らしい能力です。

「忠」「約」「心」「義」などの漢字でも試してみてください。

二項対立のなかで細分化する

「二項」——2つに大別するのは、あまりに大ざっぱ過ぎる場合もあります。そういうときは、二項対立のなかでそれぞれを、あるいはどちらか一方を、さらに2つ〜3つに分けるという手法をとるといいでしょう。

たとえば、「最近の若い男子はなかなか結婚しない。草食系が増えているようだ」などと、よく言われますね。

これを例にとると、まず若い男子を大きく肉食系と草食系に分けます。その場合、肉食系は「がっついている」というか、「性欲が強い」ことを意味して、まぁまぁわかりやすい。でも、それ以外の男子を「草食系と一絡げにするのはちょっと」と感じるのではないでしょうか。そういうときは、草食系のなかで分類をしてみるのです。たとえば、

A——女の子とつき合いたい気持ちはあるけれど、そのための技量がない

B——恋愛はコストパフォーマンスが悪いので興味がない

C——女の子とつき合いたいという気持ちすらない

といった具合です。そうすると、「最近の若い男子は……」で始まる大ざっぱな話も、「大きく肉食系と草食系に分かれ、その草食系のなかでも3つのグループに分類されます」となり、論理的な精度が上がるわけです。

また、二項や三項に分類するときは、分類のポイントがわかる名前をつけると、いっ

そう論旨がはっきりします。右の例なら「A　未熟系」「B　コスパ系」「C　絶食系」のように。

〈レッスン9〉〝分類グセ〟をつける

「どういう観点で2つに分けられるかな」と考えるクセをつけましょう。そこを意識すると、論理的日本語力が高まります。

たとえば「近代化について語る」場合、同じ近代化でも西洋と日本とではプロセスが異なります。そこで、西洋の近代化をA、日本の近代化をBとして考えてみる。そんな要領で、次のテーマを自分なりに分類して語ってみてください。

- 最近の結婚事情
- 今後有望な成長産業

・経営者列伝
・旅のスタイル
・流行《はや》りのライフスタイル

二項対立を「変化」で捉える

二項対立は「対抗する概念」だけではなく、「変化」で捉えることもできます。

たとえば、中国をどんな言葉で捉えるかとなると、ちょっと悩んでしまうでしょう。「定義的には共産主義国家だけれど、経済的には資本主義に移行しているし、それをまとめた言い方って？」と。

そこを「共産主義的側面」と「資本主義的側面」の二項対立で説明することもできますが、変化に着目するという方法もあります。毛沢東《もうたくとう》が推し進めた共産主義政策がほころびを見せ始め、鄧小平《とうしょうへい》が資本主義経済を取り入れた、そのポイントでAとBに分ける。そして、仮に「毛沢東中国」と「鄧小平中国」と名づけて論理を展開するのです。

これが意外とわかりやすい。

私は以前、小学校の参考書をつくったときに、「変化で捉える」方法を取り入れたことがあります。小説を題材に、「主人公の感情が変化した、その分かれ目はどこでしょう」というような問題を出したのです。そういうことがわかると、小説の理解が深まります。

そのほか、歴史的な区分も変化で捉えるのに適しています。

たとえば、「平安時代から鎌倉時代に入って、支配権力が貴族（A）から武家（B）に変わった」のですが、その変化は突然ではありません。平安時代の最後に、平家という武士が権力を握った時代がありました。そこで、平家が登場した時点で線を引くと、平安時代から鎌倉時代に移る途中の時代をスムーズに論じることができます。平家は武士（B）ですが、貴族的（A）にもなったので、ABと言えます。「AとBの間にABの時代があって、歴史はAからABを経てBに至る」といった論調です。

小説や歴史に限らず、ビジネスでもこの変化を意識しながら話すと、論理がしっかりしてきます。

「十年来、A商品を主力としていて、いまも健闘しています。が、3年前に新技術が出てB商品を発売したことを境に、少しずつ変化しています。AB両立の時期を経て、5年後には主力の座がA商品からB商品に替わることが予想されます」

といった具合に変化で捉えると、現在のあり方がくっきり見えてきます。二項対立の応用として、変化で捉える方法もあることを覚えておきましょう。

右手に論理、左手にイメージ

話が論理的であることと同じくらい大事なのが、イメージをポン！ と伝える力です。込み入った論理を理解してもらうために、まずイメージでだいたいのことをつかんでもらうのです。

このイメージがあるのとないのとでは、伝わり方が格段に違ってきます。

先日、NHKでベルリン・フィルを指揮する佐渡裕《ゆたか》さんのドキュメンタリー番組を見ていて、イメージの力の重要性を再認識しました。

佐渡さんは、「最初の10分が勝負」と、団員に指示を伝えていきます。そのやりとりのなかで印象的だったのは、「白黒のノイズのなかにチェロだけがカラーで浮き出るような感じでやってください」というような、イメージを伝える言葉があったことです。団員はすぐに「ああ、ピンクとか赤ね」と理解したようでした。

もちろん、イメージだけではなく、

「ここの1拍目はビブラートをあまりきかせずに、2拍目からいってください」

「それは全部の楽器ですか」

「いいえ、金管楽器だけです。ほかの、この楽器はクレッシェンドで、この楽器は……」

といった細かな指示も飛び、「漏れなく伝える」という意味でも実に論理的でした。指揮者と団員にしか通じない、非常に高度なやりとりに感心したことを覚えています。

佐渡さんの熱意が伝わったのでしょう、楽団員は「佐渡さんのためにいい演奏をしよう」とがんばりました。これはベルリン・フィルとしては珍しいことだそうです。

言うなれば「右手に論理、左手にイメージ」――。読み手・聞き手との共通言語になりうるイメージを活用し、それを共有しつつ言葉で具体的な細かい表現をしていくこともまた、論理的日本語の大事な側面です。

ちなみに、アメリカの心理学者・行動経済学者で、２００２年のノーベル経済学賞受賞者でもあるダニエル・カーネマンは、「人間の思考には、ファスト・シンキング（直感）とスロー・シンキング（熟考）がある」としています。

つまり、イメージはファスト・シンキング、論理はスロー・シンキング。論理的に話す・書くときには「ファスト&スロー」をキーワードにしてもよいのではないかと思います。

言葉を額縁に入れる感覚を持つ

ＮＨＫの経済番組に出たときのこと。生放送の短い時間内に発言しなくてはいけないので、どうしても早口になり、私の言葉が聞き手の耳をスルッと通り抜けてしまう危険性が予測されました。そこで、私はこう提案しました。

「フリップのようなものを3枚用意していただき、そこにポイントを図解して書くというのはいかがでしょうか」と。

スタッフの方は最初、「そうですねぇ」と言いながらも乗り気でない様子でした。「あとひと押し」と思って、「たとえばですね」と、目の前でササッと図を書いて見せました。

「最近の若者にとっては、物より情報のほうが、価値が大きい」とか、「お金は血液と同じで、流れが大事」といったことを示すのに数学の記号を使った左のような式を書いてはどうかと提案したわけです。

非常にシンプルなものですが、これがあるとないとでは聞き手の記憶に残る度合いが格段に違います。

実際、私はそれまでもいろいろな人から「こないだ、テレビ見ましたよ。おもしろかったですねぇ。でも、あれ……何の話題でしたっけ」みたいなことをたびたび言われたことがありました。でも、フリップに出すようにしたら、記憶してくれる人が増えたのです。

情報＞物

お金＝血液

いまは収録番組が増えて、画面の下にテロップが流れることが多くなりました。みなさん、それに慣れているので、生放送での話だけだと雰囲気しか残らないのです。

そんな経験から私が思うのは、「話された言葉は空中を舞って相手の耳に入るようでいて、ほとんどが逃げてしまう」ということ。だから、フリップのようなものを使って言葉を残し、話が流れてしまわないようにすることが大切なのです。

ビジネスの場面でもこれを応用して、テレビのフリップのようなものを用意してはいかがでしょうか。レジュメでもいいし、イメージが伝わりやすい写真や映像を見せてもいい。それがムリなら、せめて強調したい部分を「額縁に言葉を入れるイメージ」で話すよう工夫してください。

ポイントを言う前にたっぷり「間」を取る、というのもいい方法です。

「論理的相槌《あいづち》」の打ち方

話の内容を聞き手・読み手の頭に定着させるためには、たとえ論理的でも、スルリと抜けてしまうような話し方ではうまくいきません。

　これをカバーするには、キーワードを強調することです。

　この能力は実は、聞き手の立場でトレーニングすることができます。

　第一段階として有効なのが、オウム返し、つまり相手の話したことをそのまま繰り返す練習です。江戸時代の子どもたちが漢文の素読を通して論理性を学んだのはまさにこれで、先生が読み上げる漢文を、生徒たちが復唱する方式でした。

　人と話をするときに「オウム返し」を意識すると、上の空で聞くことはできませんから、それだけ相手と真剣に向き合うことになります。コミュニケーション力は「よく聞く」ことで磨かれる側面があるので、その点でもいいトレーニングになります。

　でも、これだけでは不十分です。次の段階として私が提案したいのは、「論理的相槌を打つ」練習です。

　「論理的相槌」とは、「なるほど」とか「へぇ」「ふむふむ」「そうですね」「おっしゃるとおりです」といった、本当に聞いているのか疑わしいような〝名ばかり相槌〟とは違います。**相手の話からキーワードを見つけ出して要約し、自分の会話に混ぜて投げ返す**

ものです。

たとえば、相手が「仕事の効率を上げるためのアイデア」について話したとして、区切りのいいところで「なるほど、第一のポイントは……ということですね」と返す。

あるいはイベントの進行について話し合っている場合、誰かが「この時間帯の人員配置を改善したほうがいい」などと言ったときに、「おっしゃるとおり。あなたが心配しているのはこの点ですね」と相手の心情を汲み取って返す。

このように、相手がどこに力点を置いて話しているのか、何にこだわっているのか、言葉の裏にどういう感情が動いているのかなど、その意図を読み取って自分の話として返す。それが「論理的相槌」の上手な打ち方です。

相手の話を確認する作業のなかで、こういう「ピックアップ能力」が高まってくると、間違いなく論理的日本語力もコミュニケーション力も高まります。

先日、ある証券会社の社長さんとの対談のなかで、興味深いお話を聞きました。

「国内外、どこの国の人とビジネスをするにせよ、英語ができる・できないは二の次の要素で、相手と気持ちを通わせることができるかどうかが一番重要です。相手の心を捉えて、そこにアプローチして提案する能力が求められます。

基盤になるのは、相互理解を深めることに対するバイタリティです。心身ともにタフであれば、トレーニングを重ねることで、世界のどこででもコミュニケーション力を発揮できます。

逆に、日本でできなければ、どんなに英語が堪能《たんのう》であっても、海外に出してもうまくいかないのです」

相手の心情を理解することと、論理的な整理力は矛盾するようでいて、実は表裏一体のものであると、社長さんのお話を聞いていて実感させられました。

さまざまな人とコミュニケーションするなかで、「何か、この人の話はすっきりしないな」とか、「自分の話はどうも相手に理解してもらえていないようだ」などと感じることがあると思います。

その原因は、なにも相手の論理的能力が低いからとは限りません。相手もしくは自分の心情理解力が足りなくても起こりうるのです。

〈レッスン10〉日常会話で「論理的相槌」を打つ

「論理的相槌」を打つ練習は、日常会話を利用するのが一番です。ふだんは「なるほど」とか「そうですね」と流すところを、その後に、相手の心情を読み取りながら、話の要約をつける要領でやってみてください。

これが上手になると、相手も「そうなんだよ」と自分の発言が受け入れられたことを喜び、コミュニケーションがスムーズに進むようになります。

ただし、あまり頻繁にやると、相手は話に水を差されたような気持ちになるので、ほどほどのタイミングをはかってください。それも相手の心情を読み取る練習になります。

大勢の前で話すときも「一対一」感覚で

大勢の前で話すときに、大勢をひと塊にして「みなさん」と呼びかけることは多いのではないでしょうか。それを悪いとまでは言いませんが、「みなさん」を連発していると、自分でも誰に話しているのかわからなくなってしまいます。聞き手の頭も、しだいにぼんやりしてくるでしょう。自分は「みなさん」のうちのひとりであるという自覚はあっても、何か他人事《ひとごと》のように聞こえてしまうからです。

田中角栄さんはその辺りのあんばいの上手な人でした。何十人、何百人の聴衆がいても、ときどきひとりに対して語りかけるのです。たとえば、こんな感じです。

「ね、そうでしょ。おばあちゃん。いまはつらいでしょう。冬は雪に埋もれたように暮らさなきゃならないんだから。東京は遠いし、外出もままならないでしょう。でも、新幹線が通ったらどうですか。うれしいでしょう」

こうして話がいきなり、語りかけられたおばあちゃんの実感みたいなところに落としこまれると、それを聞いているほかの人も自分の身に置き換えて話に聞き入るようになります。聞き手が知らず知らずのうちに話に引きつけられるのです。

ですから、大勢の前で話すときは、「一対多」ではなく、常に「一対一」の感覚が大切です。聞き手が50人いたら、「一対一」が50本と思って話すといいでしょう。

私自身、講演会でも授業でも、大勢の前で話す機会が多いのですが、時折、ひとりに対してものを言うようにしています。

授業で、もし、うつらうつらしている人がいると、「ちょっと、そこの人を起こしてあげて。後ろに座っているあなた、つついてあげて」と指示したりします。

さすがに大人相手には遠慮しますが、高校生や大学生相手なら、遠慮なく居眠りしている人を利用させてもらっています。「ちゃんと聞かなければダメじゃないか」と注意するのが目的ではなく、一人ひとりに自分事として聞いてもらいたいからです。

こちらがきちんと一人ひとりを把握していることを示すのは大切です。

これは、聞き手全員を線で意識する、ということでもあります。誰に話しているのかを明確にし、それぞれに向けてメッセージを伝えていく。そういう意識の線の張り方をすると、話し方も明確になっていくし、聞き手を引きつけることもできます。

日本語は話す相手によって文体も変わるので、口調によって意識の線を伝えることが可能です。

私の講演会は、聴衆に大人と子どもが交ざっている場合もあるので、ちょっとやさしい口調にして子どもに話していることを示したり、直接的に「いまは小学生のあなたに話しているんですよ」などと言って、パッパッと意識の線をはっきりさせていく場合もあります。

論文のキモはサマリー

学者でなければ、論文を書くことはあまりないでしょう。でも、企画書やプレゼン資料など、ビジネスでも〝論文のようなもの〟を書く機会は多いのではないかと思います。そのときに「論文の作法」を知っておくと、論理的な文章を書くうえで非常に役に立ちます。

最重要ポイントはサマリー、つまりこれから伝えようとしていることの要約を最初につけるところにあります。

何のために何をどのようにして、どういう結果が得られるのかを、短い文章で表しま

論文の構文を覚える

「論文を書く」というと腰がひけるかもしれませんが、構文さえ覚えればそう難しくはありません。

とくにおすすめは、英語で書く練習をすること。私たちは日本語に慣れ切っているので、英語の制約を受けたほうがむしろ、構文を強く意識することができるからです。以下のような簡単な英語の構文を念頭に置くと、サマリーがうまくまとまります。

【例】

- The purpose of this paper is to clarify that……
  （この論文の目的は、以下のことを明らかにすることです）
  最初にこの一文をつけることで、意図が明確になります。

- Firstly……, secondly……, thirdly……
  （第１に……、第２に……、第３に……）
  いくつポイントがあるかを示したうえで、内容を順番に説明していくと、論理が整理されます。

- In conclusion……
  （結論としては）

- reach the conclusion that……
  （……という結論に達する）

す。そこに論理力が表現される、ということです。

といっても、そんなに難しくはありません。構文はだいたいフォーマットが決まっているので、そこに論文に必要なデータを入れていけばいいだけです。

この作業は、5章で述べる英語の構文を日本語に変換する感覚でやると、意外とうまくいきます。

“立て板に水”の論理にだまされない

一見、論理的な話でも、ウソやごまかしが混じっていて、実は論理的ではない場合があります。論理的日本語力のトレーニングとしては、そういう論理のズレを見抜くことも重要です。

なぜかと言うと、ひとつは、だまされないためです。立て板に水を流すようにしゃべられると、よほど聞き手がしっかりしていないと、うっかりだまされてしまいます。

「人を見たら泥棒と思え」ではないけれど、「一見、論理的によどみなく話すセールスマンに会ったら、怪しいものを売りつけようとしている」と疑ってもいいくらいです。そんな話の裏には、「論理でめくらましをかけてやろう」という邪《よこしま》な考えが潜《ひそ》んでいることが少なくないのです。

もうひとつは、自分の論理のズレに対して、客観的で厳しい目を持つためです。「人の振り見て我が振り直せ」で、自分の論理のズレも敏感にキャッチしてチェックできるようになります。

では、どうすれば論理のズレを見抜けるか。ポイントは2つです。

【①とことん質問】

まやかしが潜んでいる論理は、質問を重ねていくと、必ずどこかで馬脚を露《あらわ》すものです。

たとえば、金融商品のセールスは、最近はリスク説明が義務づけられていますが、それでも売りたい一心でリスクについてはさらりと流して、メリットを強調するケースが多々あります。ひどいセールスマンになると、「聞かれなければ、あえて言わない」場合もあるでしょう。

たいていの人は、もともと金融商品に関する知識が乏しいこともあって、専門用語をちりばめたセールストークは概して論理的に聞こえるものです。相手のペースに乗せられると、「なるほど、いい商品のようだな」と錯覚してしまいます。

それで「何を質問したらいいかもわからないうちに、その気になってしまって……」などということになるのです。

こういうときは「こんな初歩的なことを質問したら恥ずかしい」などとためらわずに、自分が理解できるレベルにまで下げた質問をすればいいのです。たとえば、

「そもそも、元本が保証されていませんが、それだけでリスクじゃないですか」

「ここ数か月は値上がり傾向にあると言うけれど、今後は逆にふれる可能性もあるでしょう?」

「ここ5年は大きな値崩れはないといっても、その前はどうなんですか」

「確率的に値上がりする可能性が高いというけれど、その根拠は何ですか」

「手数料はどうなんですか。年間いくら?」
「値下がりする要因としては、どういうことが考えられるんですか」

など。こういった質問に相手がきちんと答えられなかったり、情報を開示しなかったり、質問をすりかえて別の話をしたりするようなら、そこに論理のズレがあるとわかります。

その意味で見習いたいのは兼好法師《けんこうほうし》です。『徒然草』(ワイド版岩波文庫)の最後、243段にこんな記述があります。8歳のときに、仏《ほとけ》はどんな存在かを、とことんさかのぼって父に質問しています。

八《や》つになりし年、父に問ひて云《い》はく、「仏《ほとけ》は如何《いか》なるものにか候《さうら》ふらん」と云ふ。父が云はく、「仏には、人の成《な》りたるなり」と。また問ふ、「人は何《なに》として仏には成り候ふやらん」と。父また、「仏の教《をしへ》によりて成《な》るなり」と答《こた》ふ。また問ふ、「教《をし》へ候ひける仏《ほとけ》をば、何《なに》が教へ候ひける」と。また答《こた》ふ、「それもまた、先《さき》の仏の教によりて成《な》り給ふなり」と。また問ふ、「その教へ始め候ひける、第一の仏は、如何《いか》なる仏にか候ひける」と云ふ時、父、「空よりや降《ふ》りけん、土よりや湧《わ》きけん」と言ひて笑ふ。「問ひ詰《つ》められて、え答《こた》へずなり侍《はんべ》りつ」と、諸人《しょにん》に語《かた》りて興《きょう》じき。

子どもらしいと言えばそうですが、さすが兼好法師、幼いころから論理的で、まやかしを信じない人だったんだなと思えます。

みなさんもこの「根拠を問う〝兼好法師方式〟」で質問力に磨きをかけましょう。質問力を鍛えれば、論理力が高まります。

【②現実とのズレをチェック】

形式的には正しいけれど、現実とズレている論理というものがあります。この場合は論理の枠組みを問題にしなくてはいけません。

「細かいことはわかるけど、大枠の価値判断がおかしいのでは？」

というふうに指摘する必要があります。

その典型的な例は、マルクス・レーニン主義でしょう。「最終的にプロレタリアートが勝利するという歴史法則がある」とし、それ以外のことを言う人は排除されました。結果、スターリンは自国民数百万人を殺したと言われていますし、中国でも粛清《しゅくせい》という名の処刑が行われました。

これは、非常に恐ろしいことです。教条的に正しいと論じられると、その枠のなかにいる人は、そこに現実とのズレがあることを発見しにくいのです。でも、ちょっと距離を置いて考えると、論理の穴が見えてきます。

「社会主義はうまくいっているというけれど、スターリンは独裁政治を敷いて、人民を虐殺したわけでしょう？　それで、どこがどう社会主義なんですか」

「格差社会を是正するという意味では、マルクス主義のよさもあるでしょう。でも、天国のような社会になるというのは希望的観測にすぎないのでは？　いろいろある考え方のひとつであって、別の考え方をすれば別の社会もあるわけだから」

などと当たり前の現実を突きつける形で、論理の危うさを指摘しなければ、のみ込まれてしまいます。社会主義は「論理的に正しそうでも、現実的に正しいとは言えない」ことを示した壮大な実験だった、という見方もできます。

ちょっと話が大きくなってしまいましたが、論理がひとり歩きするとマインド・コントロールの世界に迷い込んでしまうことがしばしば起こります。オウム真理教事件のように、「あの人は魂が汚れているから、救済するためにポアしてあげなさい」というような奇怪な論理にはめられてしまいかねないのです。

また、経済アナリストの予測が驚くほどはずれることも、論理と現実との乖離《かいり》の象徴でしょう。論理としては完璧でも、現実は予測どおりにいかないものなのです。

「論理的なものに引きずられる人は、現実との照合を忘れる」

このことを覚えておいてください。

一見、説得力のある話であっても、「別の考え方・見方もある」と保留する思考を持つことが大切です。そうして冷却期間を設けて、現実とのズレをチェックすること。それが論理にだまされないための方法でもあるのです。

〈レッスン11〉セールストークの〝ツッコミどころ〟を押さえる

生命保険のセールスマンから、もしこんな売り込みを受けたなら、あなたはどんな質問を投げかけますか。35歳の男性をターゲットにした次の例を想定して、〝ツッコミどころ〟を考えてみましょう。

お客様におすすめしたいのは、万が一のときに5000万円の死亡保険金が払われる定期保険です。5000万円遺《のこ》せれば、家族を路頭に迷わせることもなく、安心ですよね。

保険料は固定で月額＊＊円とお手ごろですから、家計にもそう負担にはなりません。ご家族にとってはこれからがお子様の教育費だ何だと一番お金のかかる時期ですし、このご時世ですから年収が下がらないとも限りません。そういったことを考え合わせると、負担は軽いに越したことはないでしょう?

保険料の払い込み期間は65歳までで、払い込み終了とともに保障はなくなります。でも、65歳ともなればお子さんは自立していますし、退職金も入ってきますので、死亡保障はいらなくなるんじゃないですか。ちょうどいいころあいだと思いますよ。

掛け捨てになることを嫌う方もいらっしゃいますが、小さな負担で大きな保障を得られるのが定期保険の一番のメリットです。やめたいときにやめられますしね。だいたい終身保険は、満期返戻《へんれい》金があるとはいえ、保険料が高い！　これから30年積み立てても、金利なんかごくわずかです。インフレヘッジにもなりません。途中解約をすると元本割れのリスクもありますしね。

蓄財は、保険とは別に、もっと運用実績が期待できる金融商品をご検討になったほうがいいでしょう。

解答例：ここが〝ツッコミどころ〟

・5000万円の保障が安心って言うけれど、どういう計算からはじき出された数字なのか。

- 保険金は死なないともらえないなら、65歳までに死ぬ確率はどのくらいか。
- 月額＊＊円でもけっこうな負担なのに、どうしてお手ごろだと言うのか。
- 子どもにかかる教育費はどのくらいか、データを示してほしい。
- 年収は下がるかもしれないし、上がるかもしれない。その両方を想定したモデルを提示してほしい。
- 65歳で退職金が入ってこない可能性もある。子どもも自立しているとは限らない。
- 終身保険にもデメリットばかりでなく、メリットもあるはず。その比較をちゃんと説明してほしい。いくら金利が安くても、掛け金がなくなるよりはいい。定期と終身を比較したデータを見たい。

どうでしょう、うまくツッコめましたか。どういう保険商品を選ぶかは、客であるあなたの判断によるものです。その材料はさまざまな商品のメリット・デメリットであり、自分が考える人生計画や家計の状況など、多岐にわたります。

客にとって理想のセールスマンとは、そういった判断材料を的確に提供・説明してくれる人です。なかなか〝稀《まれ》な存在〟なので、セールスを受けたときは「論理のズレを見抜く練習」と思って、質問力を鍛えてください。

聞き手の能力・心情に配慮する

話が論理的であることは、難しい言い回しを使うことと同じではありません。聞き手の能力・心情などに配慮して、明確に伝わるようでなければ意味がないのです。

たとえば、小学生が授業中に騒いでいる場合、理屈は後回しにして「とにかく黙りなさい」などと指示をするのが先決。落ち着いたところで、どうして黙らなければいけないか、黙ることでどうなるのかを説明したほうが、論理がすとんと腹に落ちます。

また大人に対しても、相手が一般の人たちか、一定の専門知識を共有している人たちかで、自ずと使う言葉が違ってきます。一般の人相手に、大半の人が知らない専門用語を使って話しても、まず理解してもらえません。できるだけ平易な言葉で、わかりやすいたとえなどを用いる必要があります。でも、専門家相手に同じようにやると、「まわりくどい」印象を与えます。

次に、総じて言えるのは、厳密さを追求しすぎないことです。「いまから話すことは必ずしもすべてのことに通用するわけではなく、ごく一部例外があったり、当てはまる場合の多い・少ないがあったりするのですが……」などと、長い前置きから入るのはやめましょう。

聞き手が「面倒くさいな。ズバッとしゃべってよ」と苛立《いらだ》ちます。

かといって、さんざんしゃべってから最後に、「そういう可能性がなきにしもあらず、というところもあるのですが」と言うのもいただけません。聞き手が「いままで聞いた話は何だったの?」と虚脱感を覚えます。

論理には厳密さが必要とはいえ、**適正倍率**というものがあります。植物を顕微鏡で1００~1０００倍にも拡大すると、何を見ているのかわからなくなるのと同様に、論理もあまりに厳密になりすぎると、聞き手に「よくわからない」という印象を与えてしまうのです。

もちろん、論理的な話し方が得意な者同士、専門知識のレベルが高い者同士で話すときは、〝言葉の空中戦〟を楽しむように会話を交わしてもいいでしょう。私も学生時代には仲間と喫茶店で哲学や法律の話を、一般の人が聞いてもわからないレベルの言語でやりとりすることを楽しみました。そういうことが通用する相手や場面を選ぶことです。

さらに、心情面への配慮も必要です。聞き手の反応をうかがいながら、求めていることに対して応えるようにします。

たとえば、こちらの言い分があまり理解されていないようなら、「いま、気にされているのは、この点とこの点、どちらですか」というふうに質問するといいでしょう。

とかく日本人は、「何か気になる点はありますか」などと聞かれても、「とくにありません」と答えがちです。選択肢を提供しないと、なかなか本音を言わない傾向があります。本音を引き出そうと思ったら、

「AとB、どちらかと言えばどれですか？」

という尋ね方が一番いい。

こういう「どちらかと言えば」を使った〝一押しする言い回し〟は、さまざまな場面

で重宝します。

卑近な例で言えば、お客様に飲み物を出すとき、「何をお飲みになりますか」と尋ねてもたいていの人は、モジモジして「いや、何でもいいです」とか、「いえいえ、おかまいなく」と遠慮するかでしょう。そこを「コーヒーと紅茶、どちらがいいですか」と尋ねると、「じゃあ、コーヒーをお願いします」と答えが返ってくるのです。

似たような場面はけっこうあります。

また、選択肢から選んでもらうというスタイルではなく、ひとつずつ確認を取っていくのもいいでしょう。「ご心配なことはありませんか」ではなく、予測される心配事を具体的にあげながら、「**○○は大丈夫ですか**」「**××は大丈夫ですか**」**と質問を重ねていく**のです。

これは説明責任にも関わってくることです。「ダーッと説明して、質問がなければ理解したとみなす」論法は感心しません。相手が心配したり、不安に思ったりしていることをきちんと聞き出すことも「説明責任のうち」でしょう。

ここをおろそかにすると、後になって「説明したはず」「聞いてない」とか、「何も質問しなかったじゃないか」「そんな説明を受けていないのに、質問のしようがないじゃないか」といった言い争いの種にもなります。

理想的なのは、相手が「何を質問すればいいのかもわからない」事態を想定して、話す側が「よくある質問」を10例くらい用意しておくことです。「FAQ（Frequently Asked Questions）」として紙にまとめて渡してあげるようにすると、もっと親切でしょう。

ほかに、「もし、こうでなければ」というような、前提をはずす聞き方も相手の理解を深めるうえで有効です。

「ここまではこういう前提でお話ししましたが、そうではない場合もあります。もし、こういう前提になると、こうなります」

というふうに話すと、相手は「前提が変われば、これだけ結果が違ってくるのか」とわかって、論理の骨組みを理解しやすくなります。

選択肢を示しながら話を進めていくことは、聞き手の心情に配慮し、かつ説明責任を果たす論法であることを覚えておいてください。

論理的日本語は、お互いに納得できるコミュニケーションができてはじめて成り立つ
ものなのです。

5章

やさしい英語構文をヒントに

日本語と英語は基本的に何が違うのか

中学英語を〝論理トレーニング〟に使う

もし、「英文解釈にハマった日本の高校生百人」などというランキングがあったとしたら、私はそのひとりに入るのではないかと思うくらい、高校時代に英文解釈にハマりました。原仙作《せんさく》先生の『英文標準問題精講』(旺文社)に夢中になりました。また、伊藤和夫先生の『英文解釈教室〈改訂版〉』(研究社)とか、イギリスの数理哲学者であり1950年のノーベル文学賞受賞者であるバートランド・ラッセルの原書などを読みました(好きが昂じて『60代からの幸福をつかむ極意』という、ラッセルの『幸福論』を読み解く本を出したほどです)。

「複雑な文章構造を構文として理解し、日本語に直す」ことが大好きだったのです。

そのときに興奮したのは、「構文を理解しないと、英語は読めない」と学んだこと。

そして「英語は、数学的で論理的で素晴らしい!」と、感動すら覚えました。

たとえば、「,(カンマ)」がどこにあるかで、文章の意味が違ってきます。「that」という単語ひとつとっても、「あれ・あの」を意味する代名詞なのか、強調構文なのか、関係代名詞なのかで意味が違ってくるのです。構文を間違って解釈すると、まったく意味の通らない文章になってしまいます。

逆に言えば、「英語は文章構造を完全に理解できる言語」だということです。そこをおざなりにして、ふわっとした雰囲気だけで訳すと間違ってしまいます。かつて東大の入試では、そういう〝雰囲気理解〟で間違えそうな問題を出して、構造を理解する能力を評価の対象にしていたような気がします。

そんな経験から私が思うのは、英語を母語としない日本人だからこそ、英文解釈を通して論理力を磨くことができる、ということです。

たとえばアメリカやイギリスの小学2年生の子どもたちは母語としての英語をペラペラしゃべることができます。そのとき彼らは、とりたてて構造を理解しようと努めたりはしません。だから、論理力が身につくとは限らないのです。ペラペラしゃべれることが、論理力を保証するわけではないのです。

その点、日本人が英語を読む場合は、まず文章構造を理解することが必要です。そこに注意することによって、自然と「論理を構築する力」が身についてくるのです。

とはいえ、翻訳家になるわけではないので、難しい英語と格闘する必要はありません。自分が書いたり話したりする日本語が、中学校で勉強した比較的シンプルな構文の英語に置き換えるとどうなるのか、ということを考えればいいのです。

つまり、**「日本語を英訳したときに、ちゃんと意味が伝わる文章は論理的である」**ということです。

論理的でない日本語は、英訳しても意味が通りません。「何が原因で、何が結果なのかもわからない」とか「誰が何をしたかもわからない」となると、英訳のしようがありません。

翻訳して伝えられるということは、論理的日本語なのです。

私自身、論理的に言うときは、「英文解釈」を念頭に置いています。重文・複文まじりの複雑な文章であっても、主語を見失ったり、論理構造がズレたりしないのは、ある程度「英文解釈」のトレーニングを積んだおかげでしょう。

そこで、提案したいのは、「英語の構文の論理を、日本語に応用して話す・書く」こ

「基本5文型」を押さえる

英語には「基本5文型」と呼ばれるものがあります。これをまず押さえて、日本語を書く・話すときに意識しましょう。Sは主語、Vは動詞、目的語はO、補語はCで表します。

①S＋V「〜は…する」
The girl is walking on the street.
（少女が道を歩いている）

②S＋V＋C「〜は…である（になる）」
Japan has become a major economic power.
（日本は経済大国になった）

③S＋V＋O「〜は一を…する」
We enjoyed playing soccer last Saturday.
（私たちはこないだの土曜日、サッカーを楽しんだ）

④S＋V＋O＋O「〜は一に一を…する」
I gave him the book.
（私は彼に本をあげた）

⑤S＋V＋O＋C
「〜は一が（を）一である（になる）と…する」
We call the town Little Kyoto.
（私たちはその町を小京都と呼んでいる）

どれも文例は単純な文ですが、複雑な文でも文型は同じ。これを崩さないことで論理の乱れを防ぐことができます。

とです。
日本語のトレーニングだけだと、論理的言語力に気づきにくいので、英文解釈の発想から「構造を理解する」トレーニングもしたほうが助けになります。ちゃんとした意味のある論理的日本語なら、どの国の言葉にも訳せます。

複文から〝文章の骨〟を取り出す

英文は構造上、大きく3つ——単文・重文・複文に分かれます。

単文——主語と動詞のセットが1つだけで構成されている。
重文——複数の文が「and」「or」「but」「for」などの等位接続詞によって結ばれている。
複文——主語と動詞を含む文が2つ以上あって、主節と従属節から成る。文章のなかに文章が入っていて、その文章のなかにまた文章が入っていて、といった具合に、構造的にはかなり複雑なもの。

このなかで論理的に話す場合、とくに意識したいのが3つ目の複文です。

前に述べたように、日本語は主語と述語が離れていて話が通りにくいのですが、〝複文的思考〟を持てば大丈夫。たとえば「私はこう思う」とか「知っている」「否定した」といった具合に、主語と述語が最初にきて、その内容を「that節」で後ろに示す、というような複文のスタイルを使って、主語と述語を近づけることができます。

複雑な文章でも、とりあえず従属節をカッコでくくって、主語と動詞の〝骨〟だけを取り出す感覚を身につけるといいでしょう。考えがすっきりと整理されます。

そうして複文の構造を整理できるようになったら、次に大事なのは、日本語で正確かつわかりやすく言えるようになること。言い換えれば、日本語としては少々ぎこちない翻訳文を一度崩して、シンプルな日本語に〝変換〟することです。

面倒に感じるかもしれませんが、構造をつかんで直訳するトレーニングをすると、論理的でわかりやすい日本語を話す・書くことができるようになります。トレーニングを積めば、この2段階のプロセスを自然にこなせるようになるはずです。

難解な複文の構造に挑戦

左ページの例文は比較的やさしいもの。慣れてきたら、もっと複雑な複文に挑戦してみましょう。単語の意味がわからなくても、構造が理解できればＯＫです。例題を１つ。これは伊藤和夫先生の『英文解釈教室〈改訂版〉』から引用したものです。

Affection of parents for children and of children for parents is capable of being one of the greatest sources of happiness, but in fact at the present day the relations of parents and children are, in nine cases out of ten, a source of unhappiness to both parties. This failure of the family to provide the fundamental satisfaction which in principle it is capable of yielding is one of the most deep-seated causes of the discontent which is prevalent in our age.

＊ヒント

１番目の文は「the relations …… are,」が骨。２番目の文の最初の「which」は「yielding（与える）」の目的語。

【訳】

親が子どもに持つ愛情と子が親に持つ愛情は、幸福の最大の源泉のひとつとなることができる。しかし、現代の現実では、親子の関係は十中八九まで、双方にとり不幸の原因となっている。家族制度は原理的には根本的な満足感を与えることができるはずなのに、現実にはそれができずにいることが、現代に広がっている不満の最も奥深い原因のひとつである。

〈レッスン12〉複文で文の構造を整理する

複文では、that節で長い目的語を構成したり、関係代名詞を使って主語や目的語を説明したり、副詞節をつけたりします。従属節はカッコに入れて、骨を探すことから始めてください。あとは従属節がどこにかかるかを見ていけば、文の構造を理解できるようになります。いくつか例文を読んでみましょう。

I think that he is honest in all he does.
（彼は何事にも正直だと、私は思います）

＊that以下が目的語を表す従属節になっています

The students I knew at college were all serious and wise.
（私が大学で知り合った学生たちはみんなまじめで聡明だった）

＊主語が従属節のついた名詞節になっています

To recognize that your value is not great as you have thought may be painful for a moment.
（自己の価値が自分の思っていたほど大きくないと知ると、しばらくは苦しいかもしれない）

＊「to＋不定詞」がthat節を含む主語。as以下は、greatの程度を表す従属節です

こういった複文の構造を日本語に応用するときは、頭から訳す感覚を持つと、話が論理的になります。

書くと何行にもなる長い複文的な文章は、そのまま書いたり、話したりされるとわかりにくくなります。実際に書く・話すときは、まず「論理の骨格」を示すことが大切です。

前ページのレッスン12では、英語の複文をどう整理すればよいか、簡単な英語の文例で説明しておきます。参考にしてください。

「and」と「or」に注目！

英語では「AとBの両方」なら「and」、「AかBのどちらか」なら「or」を使います。非常に単純なので、英文解釈を持ち込むまでのことはないと思うかもしれません。

けれども、日本語では、ここが意外とあいまいです。AとBの両方なのか、AかBのどちらかでいいのか、はっきりしないことがあります。とくにA・BがモノではなくＡ要素とか条件、概念などを示すときに、混乱が起こりがちです。

「and」は日本語で「AかつB」で、AとBの両方を満たしているという意味です。だから、「and」と「or」を意識して言うことは重要なのです。

【"and思考"で頭をクリアに】

「and」は、文章構造のなかで大きな比重を占めます。

その特徴のひとつは、名詞と名詞、動詞と動詞、形容詞と形容詞、「ing形」と「ing形」、「that節」と「that節」といった具合に、同じ品詞でつなぐ決まりがあるということです。

日本語だとつい、「顔が整っていて、かつ高収入で、かつ話がうまい」というふうに品詞を混ぜて使いがちです。

「and」で語句を結ぶときは、同種同格のものでなければならない。

そのことを英文で練習してみるといいでしょう。それだけですいぶん頭がクリアになるはずです。

「and」の働きに気をつける

「and」の使い方は間違えやすいもの。意味がまったく違ってくるので、気をつけましょう。

【語と語、句と句、節と節を結びつける】

I like apples and bananas.
I like playing tennis and playing basketball.
He plays the piano and I play the violin.

【同じ品詞同士を結びつける】

She is beautiful and rich.
The girl and her mother were walking along the pond.
I put the doll on the table gently and slowly.

【3つ以上を並列させるとき、最後の1つを表す】

My favorite baseball players are Ichiro, Kuroda, Uehara, Otani, and Aoki.

＊たとえば複数のポイントをあげるときなど、「and」を意識して「これがラストですけど」などと言うとよい。

【動作の順序や因果関係を示す】

I washed the dishes and dried them with a cloth.
（私はお皿を洗って、ふきんで拭いた）

My sweetheart is coming soon, and I'm looking forward to seeing him.
（恋人がもうすぐ来るので、私は彼に会えるのを楽しみにしています）

「and」と「or」を正確に使い分ける

A and B（AとB）／A or B（AまたはB）

下の「ベン図」を見てください。これは、2つの集合体が交わるか、一方が他方に含まれるかという相互関係を表したものです。「A and B」は「AかつB」で、Aという円とBという円が交わった部分になります。一方「A or B」はAとBのすべてを示します。

【例文】

In making a decision, I rely on instinct and logic.
（どうするかを決めるとき、私は本能と論理の両方に頼る）

In making a decision, I rely on instinct or logic.
（どうするかを決めるとき、私は本能または論理に頼る）

ベン図

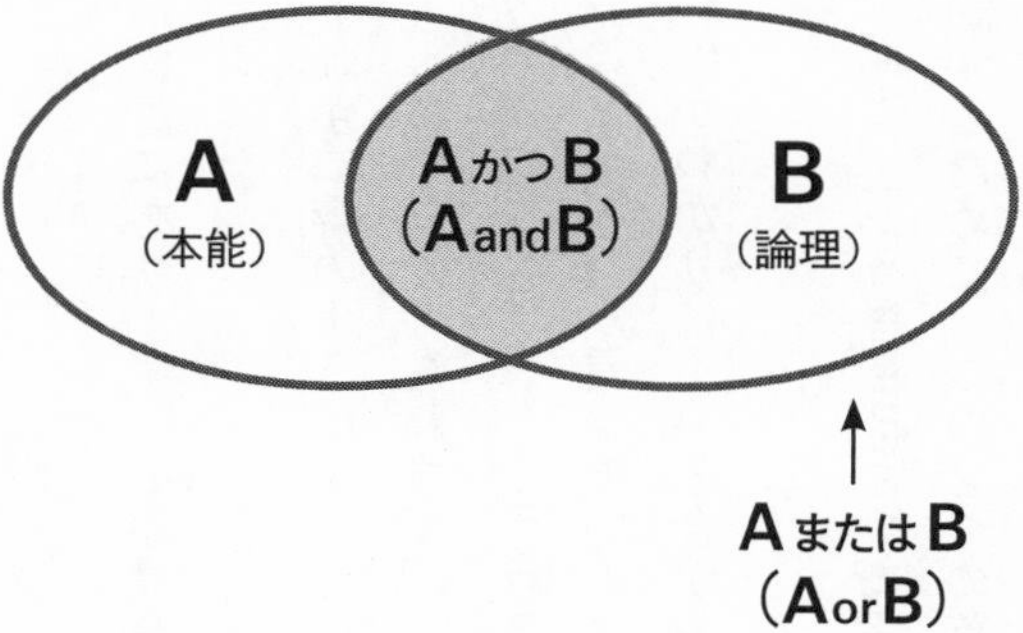

2つの英熟語を意識的に使う

英語には、論理的な言い回しをするときに便利な熟語が豊富にあります。その最たるものが「for example＝たとえば」です。

日本語でも「たとえば」はよく使いますが、なかにはそれが口癖のようになっていて、何を言いたいのかがわからない「たとえば」を頻発する人も多く見受けられます。

逆に、「たとえば」をうまく使えない人もいて、こういう人は「ようするに＝in short」をよく使う傾向があります。「ようするに」と、言いたいことをズバリ言っているようでいて、「たとえば」がないので、具体的に何が言いたいのかわかりにくい場合が少ないのです。

論理的な話というのは、「in short」に始まる核心的な話と、「for example」で示す具体的な説明とが、交互にくるのが原則です。そこを意識するために、この2つの英熟語を活用するといいでしょう。

「たとえば」も「ようするに」も便利な日本語なので、使う意味のない場面でも、ついつい使いたくなってしまうものです。そのときにちょっと一呼吸おいて、

「まず in short、次に for example」

「for example と言った以上は、in short を言わなければ」

というふうに意識するといいでしょう。

「たとえば」と「ようするに」の往復運動ができるようになると、話がかなり論理的になります。

〈レッスン13〉名言の具体例を15秒で言う

私は授業でよく、学生たちにこんな課題を与えます。

「『論語』に『過《あやま》ちて改めざる、是《これ》を過ちと謂《い》う』という言葉があります。『何か間違ったとき、それに気づいていながら改めようとしない、それが過ちだ』という意味で

す。逆に言えば、間違いがあっても、改めることができれば、それは過ちではない、ということです。

この言葉から、自分が間違いを改めないで叱られたとか、間違いを改めたおかげでむしろ評価された、といった経験を10秒以内で思い出し、15秒以内で言ってください」

この授業自体は、『論語』の言葉をちゃんと理解してもらうことが一番の目的ですが、「たとえば」の使い方を覚える練習にもなります。名言は、「ようするに」で言う抽象的な概念に相当します。

『論語』の言葉を片っ端から試してもいいし、「名言集」のような本を使ってもいいでしょう。名言に関して自分なりに思うこと、経験したことなどを具体的に述べることができると、論理的に話す・書くための能力が磨かれます。

「for example」だけではなく、英熟語には正確に言うことを意識させてくれる表現がたくさんあります。なにしろ「a little」と「a」がつくと「少しは（ある）、わずか

使える英熟語集

★**It is ～(for－) to**　→形式主語で述語を強調
It is necessary for us to learn English.
（英語を勉強することは私たちにとって必要である）

★**too～to…／so～that－can't…**　→できない理由を強調
I am too busy to help my mother.
（私は忙しすぎて母の手伝いができない）

★**at first**　→後でそうではなくなったという意味を含む
I didn't like beer at first.
（私は初めビールが好きではなかったが、いまは好きだ）

★**by the way**　→「ところで」と話題を変えることを明確にする

★**some～other(s)…**　→対で使い、一部とその他全部を表す
Our class has forty students. Some come to school by bus, the others by train.
（私たちのクラスには40人の生徒がいて、何人かがバス通学で、残りは電車通学だ）

★**and so on**　→それで全部ではないことを明確にする
I like cookies, candy, cake and so on.
（私はクッキーやキャンデー、ケーキなどが好きだ）

★**these daysとthose days**　→最近か以前かを明確にする

★**命令文＋andとor**　→結果が肯定的か否定的かを使い分ける
Hurry up, and you will be in time for the first train.
（急ぎなさい。そうすれば一番電車に間に合うでしょう）
Hurry up, or you will be late for the last train.
（急ぎなさい。さもないと終電車に間に合わないでしょう）

★**A as well as B／not only but alsoとnot A but B**
→ＡでありＢか、ＡではなくＢかを明確にする
He is a teacher as well as a poet.（彼は教師にして詩人だ）
He is not a teacher but a poet.（彼は教師ではなく詩人だ）

ながら（ある）」という肯定語が、「little」では「少ししかない、ほとんどない」という否定語に変わるくらい、厳密な表現が求められます。

前ページに一部を紹介しました。論理的日本語に応用する参考にしてください。

日本語でも時制を意識する

英語を習うときには、時制を意識しますが、日本語は母語であることもあり、あまり意識しないで使っています。

日本語は「時制の意識が明確ではない」言語と言われます。大ざっぱに言えば、語尾が「する」なら現在、「した」なら過去です。

しかも、「する」でありながら、過去のこともあれば、未来を意味する場合もあります。「た」とついていても、過去とは限りません。たとえば、

①駅に着く前に、電話します。

②駅に着いたら、電話します。

の場合、どちらの文章でも、「駅に着く」のも「電話をする」のも、時制的には未来を表します。

でも①の場合は、「着く」「電話する」という現在形を使います。強いて〝理屈づけ〟するなら、「まだ駅に着いていない。電話をするのは、その動作が完了する前のことだから、語尾を『する』にして未来の意味合いを含ませている」ということです。

一方、②の場合は「着いた」としていますが、この場合の「た」は過去を表すものではなく、未来において動作が完了する場合のことを意味します。「電話をする」は前者と同様、未来を表す現在形になります。

これが何を示すかと言うと、日本語ではあまり時制を重視しない、ということです。その動作が現在・過去・未来のいつ起こるものであろうと、動作の完了を表すときは「た」、未来に起こるであろう動作、もしくはいまも継続している動作を示すときは「する」を用いる。だから、「た＝過去」「する＝現在」とは限らないわけです。

これは文法的には「相」と呼ばれ、「時制」とは別物とされています。「日本語には時制がない。相を重視している」と言われるのはそのためです。

私たち日本人は、こんなふうに時制があいまいな表現を当たり前に使っています。前のページの例で言えば、①を「駅に着くであろう前に、電話するであろう」とか、②を「駅に着くであろうとき、電話するであろう」とは言いません。

「時」を明確にする必要があるときは、「いま」とか、「前に」「将来的には」、あるいはもっと厳密に「○月×日△時に」というような言葉を補ったり、前後の文脈から判断します。それが日本語のスタイルです。

困るのは、そんなふうに「時」を意識しないために、いつの話をしているのかがぼんやりしていて、相手がいちいち、

「それ、したわけ？　いま、しているわけ？　これから、するわけ？」

などと確認しなければわからない場合が生じることです。

とくに論理的に話をする場合、「時」のあいまいさが、論旨をわかりにくくすることが起こりうるのです。単純な例をあげます。

「彼は来るのかなぁ」
「行くと言っていましたよ」

「行くと言っていた」のは、当然、過去の話として、本当に来るかどうかはわかりません。もし、それを聞いたのがだいぶ前のことなら、「行くと言っていたけれど、気が変わった」可能性もあります。少し前に聞いたのなら、来る可能性はかなり高いけれど、やはり確実に来ることにはなりません。

質問者は「来るかどうか」を問題にしているわけですから、こういう言い方では質問の答えになっていないのです。日本語としてはくどい感じがするかもしれませんが、本来は次のような会話でなければいけません。

「彼は今日の会合に来るのかなぁ」
「3日前には行くと言っていましたが、どうでしょうか。いま、確認してみます」

非常に単純なことのように感じるかもしれませんが、「時の意識」があいまいなために意思の疎通がうまくいかないことはよくあります。たとえば、

「君、報告書はまだかね」

「えっ、今日までだったんですか?」

「すぐやれと言っただろう。すぐと言ったら、すぐなんだよ」

「てっきり、3日後ぐらいでいいと思っていました。だって、資料が必要な会議はまだ1週間先じゃあないですか」

「何を言ってるんだ。明日の会議に必要なんだよ」


というようなことも起こります。

これは単純な例ですが、もっと複雑な話をする場合はなおさらです。「時」がはっきりしないと、「いつのことを言っているのか、何を言いたいのかわからない」話になっ

てしまいます。

そんなふうでは「彼は論理的に話ができない」と評価されてもしかたがありません。時制というのは日本語にはあまりない概念だけに、ちょっと意識して話す・書くことが非常に重要なのです。

これが英語なら、動詞そのものに現在形と過去形があるので、その行為が現在か過去かが常に明らかに示されます。

加えて、「will」が入れば未来のことだし、現在・過去・未来における「have／had＋過去分詞」の完了形や「be＋ing」の進行形もあります。

そのように時制が厳密に区別されているので、論理の崩れが起こりにくいのです。時制については、英語的な概念を身につけておくといいでしょう。

I had finished my work when my friend called.
(友だちが電話をくれたとき、私は仕事を終えていました)
I will have finished my work by the time he comes back.
(彼が戻るまでには、私は仕事を終えているでしょう)

【現在・過去・未来の完了進行形　have been ～ing】

She has been reading the book since this morning.
(彼女は今朝からずっと、いまもその本を読んでいます)
She had been reading the book for five hours when I came in this room.
(私がこの部屋に入ってきたとき、彼女はもう５時間もその本を読み続けていました)
She will have been reading the book till the dawn comes.
(彼女は夜が明けるまで、その本を読み続けるでしょう)

また英語には、「時制の一致」という通則があります。主節の動詞の時制が過去ならば、従属節の動詞もその支配を受けて過去の方向に変わっていきます。たとえば、

He said he was busy.（彼は忙しいと言った）
He told me that he had gone shopping on Friday.
(彼は私に、金曜日に買い物に行ったと話した)

といった具合です。前者は「言った」のが過去だから「忙しい」のも過去。後者は「買い物に行った」のは「話した」ときよりも過去なので、「had＋過去分詞」の大過去で表現します。

英語の「時制」、基本的な考え方をマスターする

英語の時制は全部で12種類。過去・現在・未来が基本で、それぞれの時制に進行形・完了形・完了進行形があります。それを使い分ける基本的な考え方をマスターすると、日本語で話すときも時制を意識できるようになります。

【現在・過去・未来】

My friend works for the company.
（私の友だちはいま、その会社に勤めています）
My friend worked for the company last year.
（私の友だちは去年の時点で、その会社に勤めていました）
My friend will work for the company from next month.
（私の友だちは来月から、その会社に勤める予定です）

【現在・過去・未来の進行形　be ～ing】

He is playing tennis.
（彼はいま、テニスをしています）
He was playing tennis in the morning.
（彼は午前中にテニスをしていました）
He will probably be playing tennis around this time tomorrow.
（明日のいまごろ、彼はおそらくテニスをしているでしょう）

【現在・過去・未来の完了形　have＋過去分詞】

I have just finished my work.
（私はちょうどいま、仕事を終えたところです）

6章

ちょっと数学頭に切り換えて

数学的に考えると、なぜ話が明瞭になるのか

論理は究極的には「数学」である

「論理は言葉、数学は数字や数式を使うのだから、まったく別物」

そう考える人は多いかもしれません。

でも、それは間違いです。日本の義務教育には「論理」という科目がないので、イメージしづらいだけで、私たちは実は「国語」と「数学」を通して、論理を学んできたのです。定義するならば——

「論理を数式という普遍的な言語で表すのが数学。
論理を音声または文字という、地域や文化によって異なる言語で表すのが国語」

表現の仕方が違うだけで、国語も数学も本質的には同じで、どちらも論理的思考力のベースになります。そこにこそ、数学を学ぶ意味があるのです。

私たちはいま、好むと好まざるとにかかわらず、ヨーロッパで生まれた「論理の力」を必要としています。端的に言えばそれは、

「何か行動を起こすときは必ずゴールを設定して、そこにたどり着くまでのプロセスを組み立てていく」

という方法で、まさに数学でしょう。

ひとつの命題が正しいか、正しくないかを、順序立てて組み立てていく「証明」と同じなのです。

日本には、どちらかというと論理よりも「情」を優先して物事を進めていく文化があります。それはそれでいい面もあるのですが、現代社会、とくにビジネスにおいては論理が重視されます。「情」のやりとりは、それはそれで学ぶ必要はあるとしても、論理力を鍛えていく必要があるでしょう。

数学が論理力に役立つといっても、英語と同様、論理的日本語力を鍛えるために、高度な数学知識は必要ありません。中学から高校1年生くらいまでに習ったレベルの数学で十分です。本章では、「論理的日本語力を鍛えるための数学的アプローチ」について

述べていきましょう。

デカルト的に思考を整理する

数学的なアプローチのひとつは、「思考を整理する」ことです。頭のなかがこんがらがった状態で、論理的に話をしようというのはムリです。

この際、「話しながら、書きながら、論理を組み立てよう」という考え方は除外してください。何を伝えたいのかを明確にし、そのために一番有効な方法で論理を組み立てるためにはまず、自分の思考を整理する必要があります。

よい教科書があります。それは、デカルトの『方法序説』です。

この本を読んだことがない人でも、「我思う、故に我あり」という名言は知っていると思います。これは「いままで当たり前に言われてきたことを、そのまま信じるのではなく、自分自身が確実に信じられるところまで突き詰めてみよう」と思ったデカルトが到達した境地です。あらゆることを疑うことができるが、自分が今疑っていることは確かだ、という発見です。これは、「自分こそが世界の原点だ」という近代的自我確立の大宣言なのです。

デカルトは同書のなかで、物事を思考する方法として、以下のような4つのルールを設定しています。

①自分自身が真実と認めるものでなければ、真実と受け入れないこと（明証性の規則）
②難問の一つひとつを、できるだけ多くの小さな部分に分割すること（分析の規則）
③最も単純なものから最も複雑なものへ、順序を想定して進めること（総合の規則）
④すべてを枚挙し、全体を見直して見落としがないか確信すること（枚挙の規則）

たとえば、いろいろな問題があって、頭がこんがらがってしまったとします。そのときに、まず明らかにこれは大事だというものを選択する。次に、問題を小分けにして整理し、簡単なものから片づける。そして最後に、課題をすべて枚挙して、抜けがないように取り組む。そんなふうに思考すると、頭がすっきりする。そうデカルトは言っているのです。

そう難しいことではないでしょう。これら4つのルールを意識して「考える練習」をしてみてください。習慣化すれば、だんだん上手になるし、合理的な思考ができるようになります。

なかでもおすすめなのは、「④**枚挙の規則**」です。何かを考えるときは、先入観とか偏見などの〝価値のバイアス〟をはずしておいて、とりあえずプラスもマイナスも全部書き出してみます。そうすると、論理を構築するうえで重要な「客観性」が増すのです。

人間はつい憶測をもとに考えてしまいがちで、「臭いものに蓋《ふた》をする」ではないけれど、自分の予想や推測とはずれる事実を、無意識のうちに見ないようにするところがあります。あるいは、思い込みが激しくて、見えない場合もあります。

ときには学者でさえも、実験データが予測どおりでないと、「測り間違いだろう」とか、他人の文献が自分の立てた仮説を補強しないものであると、「書き間違いだろう」などと、都合よく解釈することがあるのです。

論理に客観性は不可欠ですから、この点は注意が必要です。

〈レッスン14〉**事実を全部書き出す**

私は、小学生に「3分クッキング」を見せて、料理の手順（段取り）を列挙してもらったことがあります。「列挙力」を鍛えるのに、大変よいトレーニングでした。

次のテーマで、それに関わることを箇条書きで列記してみましょう。自分にとってプラスかマイナスか、価値があるかないかなど、余計なことは考えず、とにかく思いつくことを全部、書き出してみてください。客観性を磨く訓練になります。

- 自分の性格について、洗いざらい書き出す
- ここ1週間の行動について、思い出せる限り、細大漏らさず書き出す
- 最近起こった事件に関する週刊誌の記事から、事実だけを取り出して書き出す

・テレビの教養番組を見て、知り得たことのすべてを書き出す
・ドラマまたは映画を見て、主人公の行動のすべてを書き出す

紙に書き出すことの一番のメリットは、頭のなかで雑然としている考えを言葉として外に吐き出すことによって、整理されてくることです。

「頭のなかで考えずに、紙のうえで考える」

そんな感覚で取り組んでみてください。

「逆」「裏」「対偶《たいぐう》」という考え方

数学には、「逆」「裏」「対偶」という考え方があります。「AならばBである」という論理に対して、こう位置づけられています。

【逆】 BならばAである

【裏】Aでなければ Bではない
【対偶】Bでなければ Aではない

そして「AならばBである」が真実であるとき、対偶は常に「真」です。しかし、逆と裏は「真」とは限りません。これを「A＝父親」「B＝男」、つまり「父親ならば男である」に置き換えて考えてみましょう。現代ではいろいろなケースがありますが、今は仮に、この論理自体は真実だとします。

逆は、「男ならば父親である」となりますが、言うまでもなく、これは「真」ではありません。男が全員、父親であるとは限らないからです。同様に、裏の「父親でなければ男ではない」も「真」ではありません。でも、対偶の「男でなければ父親ではない」は「真」です。

論理的に話すときは、ここをしっかりわきまえる必要があります。でないと、逆や裏を「真」としてしまい、論理が通らなくなるのです。たとえば、

「酒も飲めない人間は、ビジネスマンではない」

というような言い方は、「ビジネスマンならば酒を飲む」という命題が正しいという前提で言っているのでしょうが、そもそもその前提自体がおかしい。「前提が真実ならば対偶も『真』」とはいえ、前提が正しくなければ話になりません。

「やせている人は〇〇を食べている」という命題があったとして、「〇〇を食べると、やせるんだって」と言ってしまうようなことがありませんか。これは命題の逆に相当しますから、必ずしも「真」ではありません。それなのに、「今日から〇〇を食べよう。やせるんだから」などと思い込む人のなんと多いことか。

まず注意しなければいけないのは、命題が正しいか、正しくないかの判断が人によって異なるものは、命題として扱わないことです。「仕事はつらい」「この世は金がすべて」「〇〇はダイエットにいい」など、自分の感覚だけを頼りに断定的にものを言うのは論理的ではありません。

逆・裏・対偶

数学の逆・裏・対偶を図解しましょう。

$\bar{p}$ は「p でない」、$\bar{q}$ は「q でない」という意味です。

「→」が「ならば」に当たります。

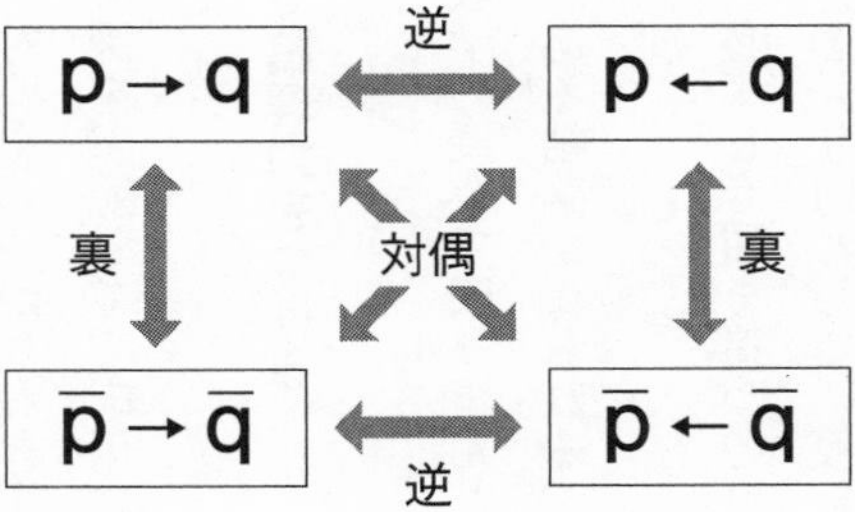

- ある命題「p ならば q」「q ならば p」が正しいとき、その逆や裏は必ずしも正しいとは限らないが、対偶は正しい。
- 命題の関係性には逆、裏、対偶のほか、逆の裏・裏の逆は対偶、逆の対偶は裏などが成り立つ。

次に、逆や裏を「真」、対偶を「真」でないかのように言わないこと。論理が破綻します。

数学の逆・裏・対偶をしっかりわきまえることが、論理性を高めることにつながるのです。前ページの図を参照して、応用に役立ててください。

証明問題で論理力をつける

中学のころ、数学の授業で取り組んだ証明問題はまさに論理力を問うたものです。仮定を立てて、ある結論が得られる、そのプロセスを順番に説明していくものだからです。

ただ実際には、必ずしも順を追って思考するわけではありません。イメージ的には、仮定と結論の双方を入り口として、仮定は結論を、結論は仮定を目指して進み、そのトンネルのなかで手を結ぶ、という感じ。結論からさかのぼって仮定に至る場合もあります。

思考を整理して、「仮定がAだからB、BだからC、CだからD……」と順を追って、仮定からこう結論できると説明するところに、論理力が問われるわけです。

次ページの「例題」を見てみましょう。

ちょっと懐かしい感じがしますか。

なかには「解答を見なければ、もはや解けない」と落胆した人もいるかもしれません。でも、ここでは問題が解けるかどうかは、あまり気にしなくても大丈夫。重要なのは証明の形式を学び直すことです。

証明問題のおもしろさは「漏れなく説明できる」ことにあります。

逆に言うと、漏れなく説明して漏れがないように丁寧に書く。この形式を踏むことが論理なのです。

おそらく、みなさんは証明というものの素晴らしさについては、学校であまり教わらなかったのではないでしょうか。そう思うから、私はあえて言いたいのです。

「古代ギリシア人は幾何学によって証明という論理的な思考形式を発明した、そのこと自体が素晴らしい。この発明がなければ、科学は生まれなかったわけで、私たちが学校

証明問題の解き方

【例題】

下の図でＡＣ∥ＤＢ、ＡＤ∥ＣＢのとき、△ＡＢＣ≡△ＢＡＤとなることを証明せよ。

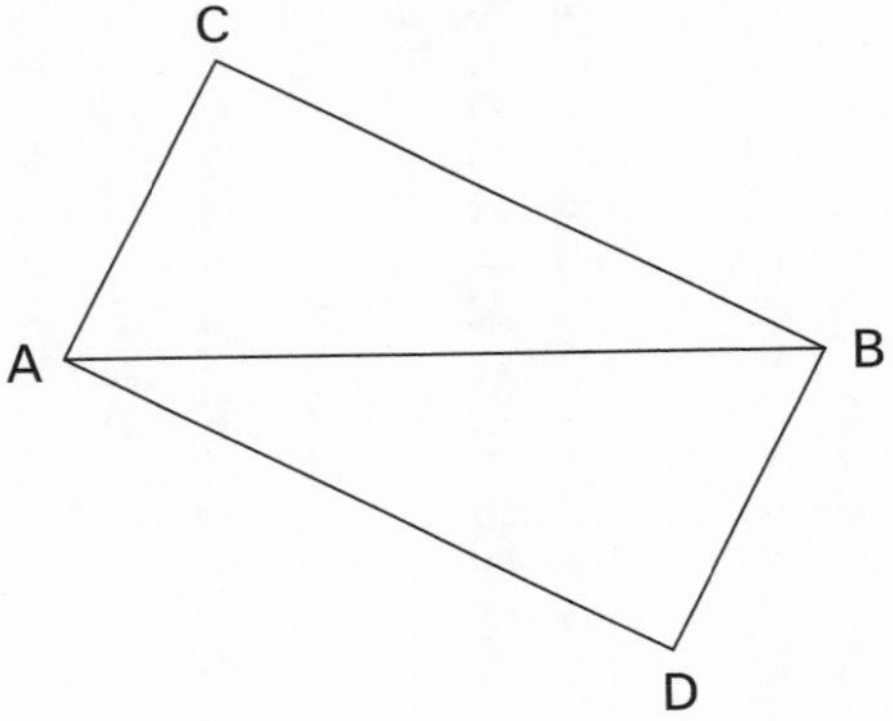

【解答】

△ＡＢＣと△ＢＡＤにおいて、

仮定より∠ＣＡＢ＝∠ＤＢＡ（平行線の錯角）…①

同様に仮定より∠ＣＢＡ＝∠ＤＡＢ（平行線の錯角）…②

ＡＢ＝ＢＡ（共通）…③

①、②、③より、１辺とその両端の角がそれぞれ等しいので、△ＡＢＣ≡△ＢＡＤ

で習うもののなかでも特別価値のあるものである」と。

数学者の秋山仁《じん》先生と歓談した際、「三角形の内角の和が180度という証明はすごい！」と盛り上がりました。どんな三角形でも、というところがすごいわけです。

それはさておき、**証明の形式は、仮定から一段一段、階段を踏みはずさないように進み、結論に結びつけていく**ものです。そのプロセスは、何も数式である必要はありません。日本語で説明してもいいわけです。

東大の数学の先生は、東大を志望する受験生に対して、「数式の羅列《られつ》はやめなさい。式をつなぐ日本語をちゃんと書きなさい」とアドバイスしています。またフランスの数学の問題の解答でも、数式の間にフランス語の文がたくさん出てきます。数式は言語を約《つづ》めたもので便利ですが、論理的に証明するためには、なぜそうなるかを言葉で書くことが大切なのです。

右の「例題」で言えば、「仮定より」とか「①、②、③より」「1辺とその両端の角がそれぞれ等しいので」といった部分です。

この証明の形式を応用する方法はおもに2つあります。

ひとつは、人を説得するときなどに、順を追って話す・書くことです。「AだからB、BだからC……」とするのが論理的。もし「AだからC」と言ってしまうと、そこに「論理の飛躍」が生じます。Bという根拠を示さずにCと結論づけてしまうので、聞き手は「どうしてAだからCになるのか」がわからないのです。

また「AだからB」と言うべきところを「AだからD」などと、論理的につながらないことを言ってしまうのも同じく論理の飛躍です。「何を根拠に何を言いたいのか」がまったく伝わりません。

もうひとつは、議論を進める際に、**何のために話をするのか、その前提となることと、仮定を提示しながら、相手の確認をとる**ことです。まず、「これを前提に話します」と、前提を明らかにします。「そこは疑わないでくださいね」と念を押すのです。

もし、前提を疑う声があがった場合は、「では、前提を疑うところから議論をしましょう」と、話の軸足を移さなければなりません。ここをあいまいにすると、議論そのものが意味のないものになってしまいます。

そうして前提を相手と共有したら、仮定の話に入ります。「仮にこうだとしますと、こうなって、こうなって……ここまではいいでしょうか」と確認をとりながら説明します。このときに「いや、その仮定は納得できない」となれば、仮定を見直す必要が生じます。異論が出なければ、「……ということはこうなりますね」と結論に持っていけばいいのです。

こういうふうに進めるのが、証明から学ぶ話し方です。

人を説得するときや、議論をするときに、何が前提で、何が仮定なのかがわからなくなると、話が混乱します。

そういうときには、たとえば、

「話をちょっと戻しましょう。いま、これが前提で話していましたが、前提が違ってきていませんか」とか、

「ちょっと問題の立て方がズレてきているので、再度、問題を共有しましょう」

というふうに、話のズレが小さなうちに正していく必要があります。

証明の形式を常に頭に置いておけば、こういう軌道修正もしやすくなるので、「議論が紛糾《ふんきゅう》して、結論の出ないまま散会になってしまった」などという事態を防ぐことが

できるでしょう。

このように、証明問題を応用した論理的な話の進め方を身につけ、地に足のついたやりとりをするよう心がけてください。

数学記号をうまく使う

数学では、多くの記号が使われます。どれも論理を表すためのもので、言語化することが可能です。これを頭のなかで思い浮かべてうまく使えば、あいまいな表現を避けるのに大いに役立ちます。

といっても、高度な数学に使われる記号を覚える必要はありません。等号、不等号などのごく基本的なもので十分です。

たとえば「AとBは同じだ」と言うときにイコールの記号を、また複数のものの大小・多少を言うときに不等号の記号を思い浮かべると、物事を正確に示さなければという意識が働きます。

184ページを参照してください。

いずれも非常に単純な記号ばかりですが、意外とおろそかにしているものです。たとえば、集まっている人たちが話の出発点で同意したので、その線で進めていくと、途中でにわかに「いや、私はそうは思わない」と異論を唱える人が出てきます。

そういう非論理的な人がいると、周囲は大変迷惑します。「同じ考えです」と言う前に、それが完全に「=」なのか「≠」なのかを考えて、「≠」の部分があればきちんと言う。「≒」で相違点があるなら「だいたい同じ考えですが、この点については違うような気がします」と確認する必要があります。

あるいは、前提そのものが間違ったまま話を進めようとしていないかをチェックします。たとえば、「頭のいい人はスポーツのうまい人と同じで、動作が俊敏だ」などと、異質のものを「=」で結んでいる場合などがあります。

また「以上・以下」「より上・より下」が明らかにされないケースは多いし、「ゆえに」の結論のない話とか、「なぜならば」の根拠のない話などもよく見受けられます。

数学記号を意識して、言い忘れや説明不足、論理の矛盾などがないかどうかをチェッ

使える数学記号いろいろ

- A＝B　→　AとBは等しい
- A≒B　→　AとBはほぼ等しい
- A≠B　→　AとBは等しくない
- A＜B　→　AはBより小さい（Bを含まない）
- A≦B　→　AはB以下（Bを含む）
- A＞B　→　AはBより大きい（Bを含まない）
- A≧B　→　AはB以上（Bを含む）
- a∈A　→　a（という要素）は集合Aに属する
- a∉A　→　a（という要素）は集合Aに属さない
- ∴　→　ゆえに
- ∵　→　なぜならば
- A∩B　→　AかつB
- A∪B　→　AまたはB
- ∞　→　無限大

複数のものを比較するときはこういった数学記号を使って、「たとえば吉田松陰の生き方が『公＞私』だとすると、バブル期の日本人は『公＜私』。まったく逆なんです」といった説明をするとわかりやすいでしょう。また、数学記号を念頭に置けば、「以下」と「未満」を混同することはなくなります。

〈レッスン 15〉数学記号で表現する

次の命題の□のなかに数学記号を入れてみましょう。

①クジラは魚類ではない――クジラ□魚類

②ペンギンは鳥類である――ペンギン□鳥類

③100人を超える人が参加した――参加者□100人

④テストの点数が40点以下の人は不合格
――不合格□40点

⑤運動能力が高く、かつ成績優秀な人
――運動能力が高い□成績優秀

⑥私とあなたは一蓮托生《たくしょう》だ
――私の運命□あなたの運命

⑦漢文か古文を履修した人――漢文□古文

⑧彼と彼女の身長はほぼ同じだ
――彼の身長□彼女の身長

⑨この会場は100人まで入れる
――会場の収容人数□100人

【答え】
①クジラ∉魚類　②ペンギン∈鳥類　③参加者＞100人
④不合格≦40点　⑤運動能力が高い∩成績優秀
⑥私の運命＝あなたの運命　⑦漢文∪古文
⑧彼の身長≒彼女の身長　⑨会場の収容人数≦100人

クするといいでしょう。

統計データを効果的に示す

論理的に話すには根拠が必要です。

会議でプレゼンテーションをしたり、営業活動をしたりする場合、主張を裏付ける過去の統計データや今後の動きを示す予測データなど、説得力のある資料を示すのがふつうです。

そのときに大事なのは、表やグラフで示すだけではなく、「ここに注目！」という部分を強調して示すことです。

グラフなら、ある一点に「↰」と大きな矢印を示したり、大きな丸で囲んで数字も大きくしたり、表なら、特定の列を大きくしたり、カラーにしたりするといいでしょう。

グラフや表に注目点を書き加えることは、次元の異なるデータをいっしょくたにしないためにも必要です。

効果は変化率で見る

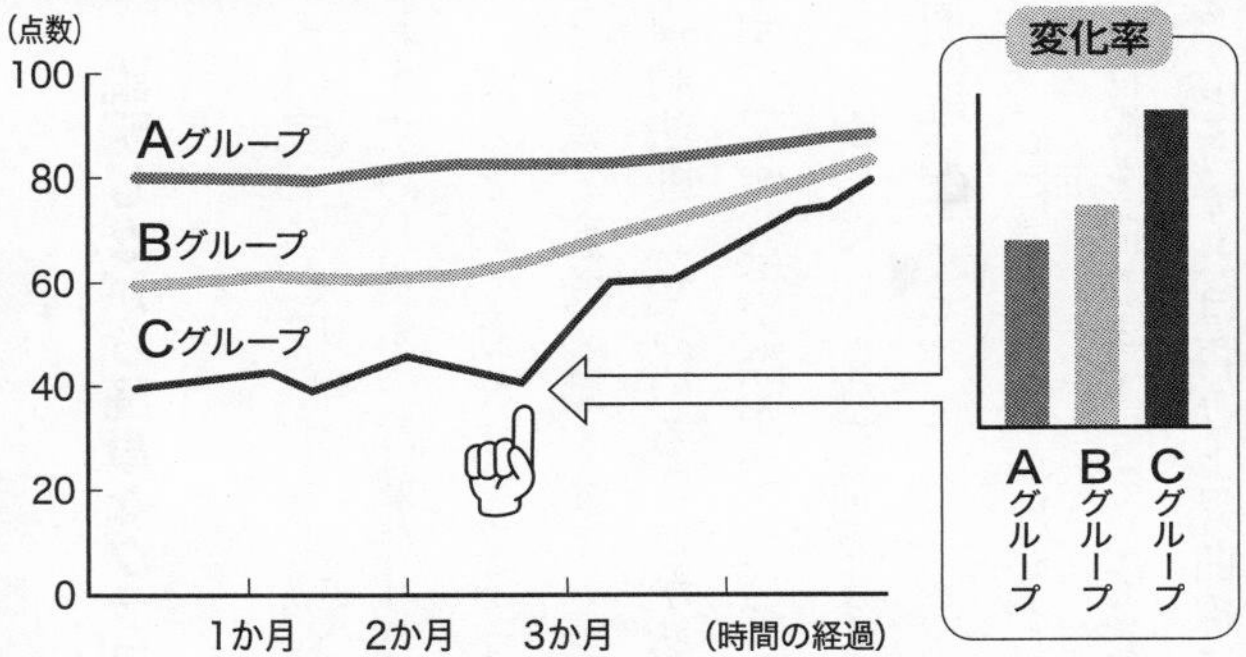

たとえば、学習効果を3つのグループ（最初の点数が80点・60点・40点のグループ）で比較するグラフを使うとします。

単に、それぞれのグループの成績の変化を3本の折れ線で示すだけでは不十分です。

もし40点レベルの子どもが、学習を始めて3か月たったころを境に著しく点数を上げた、そこを強調したいのなら、「この時点からの変化率を見てください」というふうに指摘する必要があります。点数の変化と変化率をいっしょくたにしないことがポイントです。

説明しながら簡単なグラフを描《か》く

公式のデータを用意するまでもない場面でも、フリーハンドでさっとグラフを描くことをおすすめします。言葉だけでは理解しにくいことも、ちょっとしたグラフがあることで、ぐんとわかりやすくなるからです。

たとえば、恋愛の話をするとき、私はニュートンの「F＝ma（力＝質量×加速度）」という運動法則をからめることがあります。

まず、「恋心は交際が始まって急速に強くなっていきますね」と言いながら、ほぼ直線状に上がっていく線を描きます。このときの縦軸は「恋心のエネルギー」で、横軸は「時間の経過」です。

次に、「ところが、3か月もすると、急激に冷めていきます」と言いながら、急降下する放物線を描きます。そして底を打ったところに「3か月」と書きます。そのうえで、「さぁ、どうすれば再び上昇曲線に持っていくことができるか」と問題提起をします。

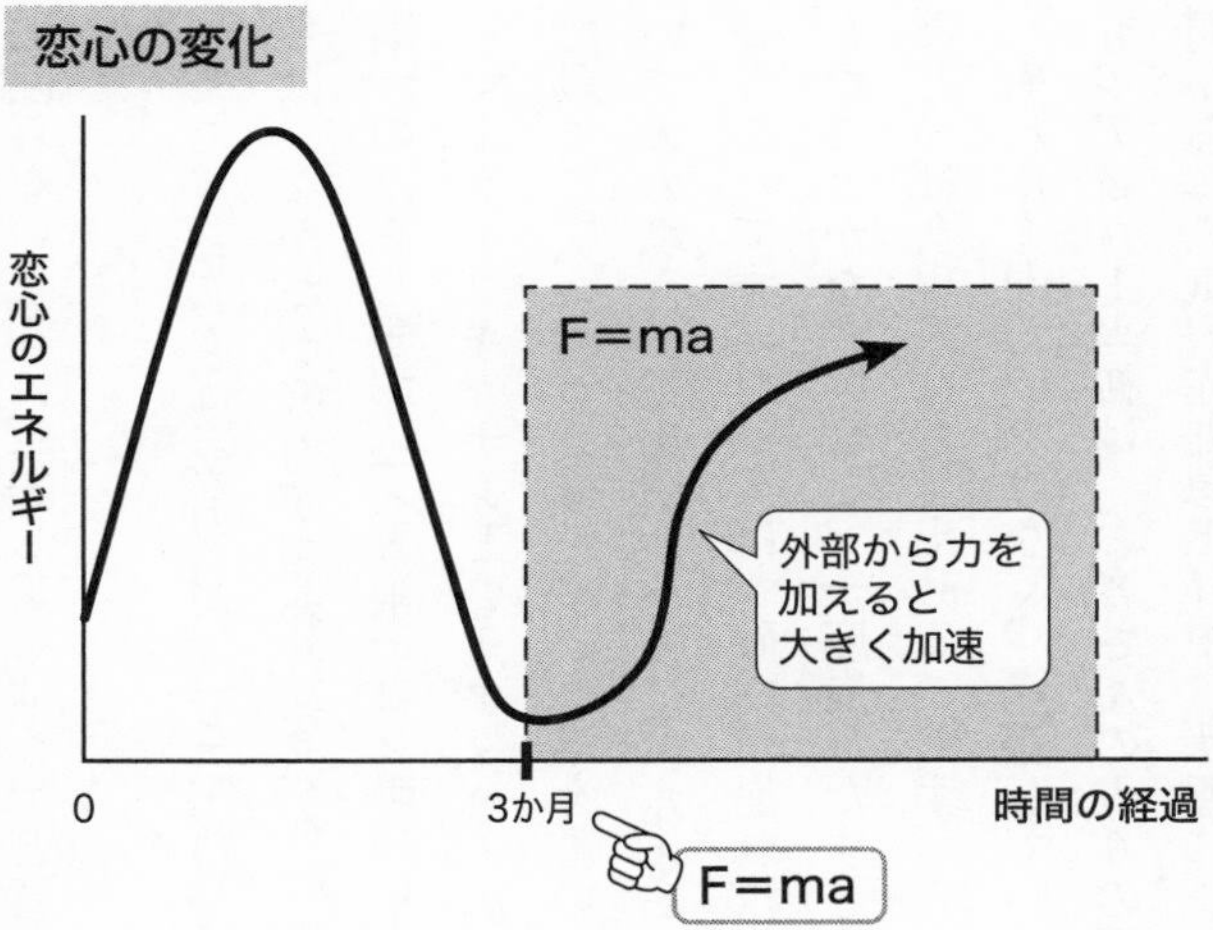

そうして、底を打った地点に矢印を描き、「F＝ma」の公式を記入してこう説明します。
「物体は外部から大きな力が働くと、大きく加速します。逆に、外部から力が働かないと、静止している物体ならずっと静止したままだし、運動しているなら等速運動をするだけです。慣性の法則ですね。
恋心も似たようなもので、何か外部から力を与えてやらなければ、マンネリに陥るのです。だから、何か刺激的な強い力で一押しして、加速し直す必要があります。時の流れに身を任せていても、恋心のエネルギーは小さくなっていくだけですよ」
単に、「恋は冷めるものだから、マンネリ

に陥らないように工夫しましょう」と言うより、なんとなく説得力が増すと思いませんか。

また、「私たちは努力したことが結果に現れると思っていますが、現実には最初のうちは、なかなか努力が報われないものです」ということを説明するときは、「べき乗則」の話をします（「べき乗」は2乗のほか、すべての累乗を含む）。

「マーク・ブキャナンというアメリカのサイエンスライターが、『歴史は「べき乗則」で動く』（ハヤカワ文庫）という本を書いています。ざっくり言えば、世の中の現象はたいていの場合、正比例になっていなくて、放物線状（2乗の式のグラフ）に変化するということです。たとえば、砂山が崩れたり、種が絶滅したりするとき、最初の変化は大したことがないけれど、一度崩れだすと一気にいく。そういうことが株価の変動や流行などの社会現象にも見出せるのです。

崩れる方向だけではなく、隆盛していく方向でも同じ。いまは売れっ子の芸人さんでも、デビュー当初は、お客さんの入りの悪い状態が長く続いて、どこかで火がついた瞬間から『人気、赤丸急上昇中』状態になった人は少なくありません。

努力と成果の関係

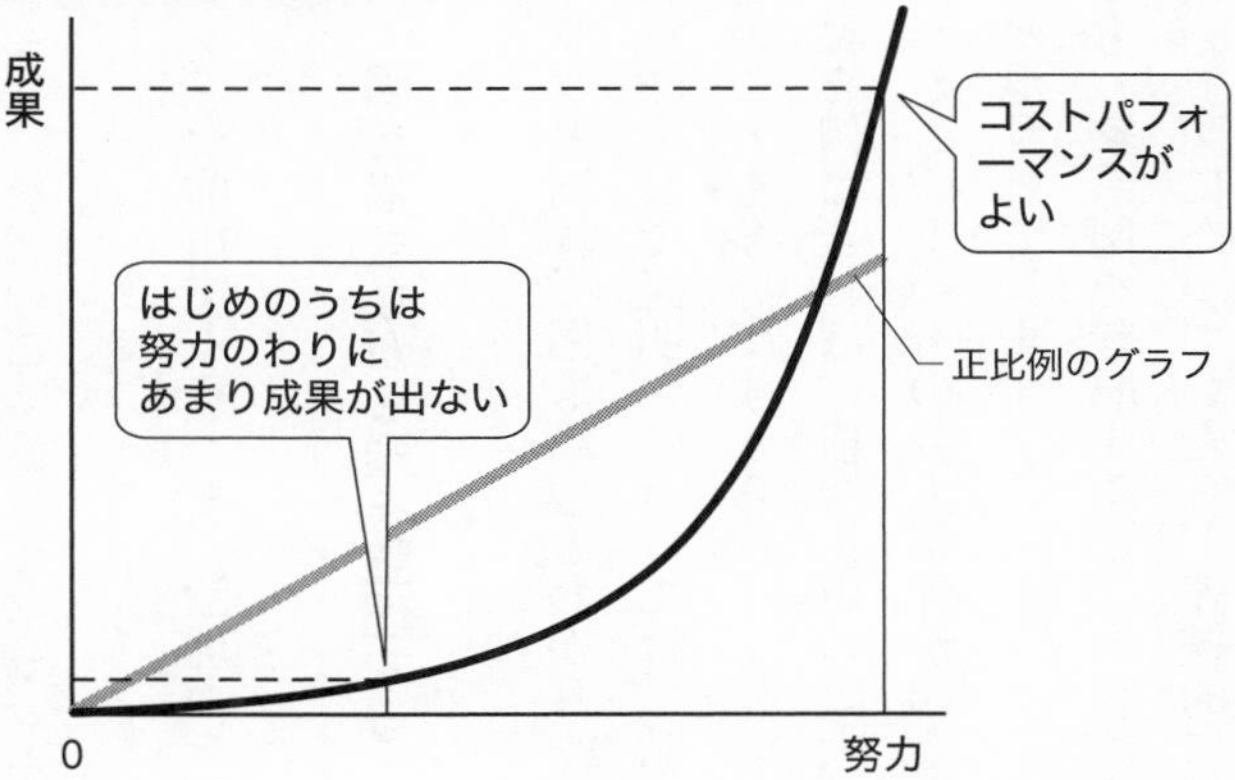

だから、努力すればすぐに結果が出るなんて、甘いことを考えないように。でも、努力を続けていれば、やがてどこかでおもしろいくらい結果が出るようになります」

こう話しながら、私は「正比例」と「$y=x^2$」のグラフをさっと描いていくわけです。そうすると一目で、「なるほど、物事の変化は直線的じゃないのだな。結果が出ないからと、すぐにあきらめちゃダメだな」とわかってもらえます。

たとえば、「努力と成果の関係」を大ざっぱにグラフにしてみます。はじめのうちは努力のわりにあまり成果が出ませんが、努力を続ければ、やがてコストパフォーマンスがよい状態になります。

「$y = ax^2$」などのごく簡単なグラフを描いて見せるだけで、伝わる力は格段に増します。

グラフを活用することも、論理力を高めるひとつの方法です。

図を描きながら頭を整理する

グラフと同様、図も論理をわかりやすくするための大きな助けになります。

文章や言葉で説明しただけでは、話す・書く側も、聞く・読む側もすっきりと理解できないことも多いですから。

小説を例にとれば、横溝正史《よこみぞせいし》の『犬神家の一族』では、人間関係が非常にややこしくて、しかもいくつもの殺人事件が起きます。ただ文字を追っているだけだと、どうしても頭が混乱してきます。

でも、家系図を参照すると、内容がすっと頭に入ってきます。それに加えて、事件が時系列で図になっていたら、連続的に起きる事件の全容を構造的に見ることができて、なおわかりやすくなるでしょう。

テレビの刑事ドラマも同じです。刑事たちがよくホワイトボードに、容疑者をはじめとする事件に関わりのある人物の写真を貼って、そこに関係図やそれぞれのプロフィール、事件前後の行動などを書き出しています。

あれは、刑事たちが事件をめぐる関連性を整理する場面を使って、視聴者にも謎解きを共有してもらうため。台詞《せりふ》だけではとても表現し切れないのです。

また、歴史も、文字だけで時代の流れを追うのは難しい分野です。とくに戦国時代のように勢力図が何度も塗り替えられたり、産業が複層的に発展したりする時代は、地図や年表、権力者の相関図などがないと、お手上げです。

歴史にかぎらず、さまざまな要素が入り組んだややこしい内容のものは、図解された本や資料が不可欠です。

ビジネスでも同じこと。会議や打ち合わせなどで、話すと複雑になるものは図を活用します。ただし、図だけだと細かいところまで説明できないし、図は何とでも解釈できるところもあるので、**必ず文章・言葉と図をセットにすることが必要です。**

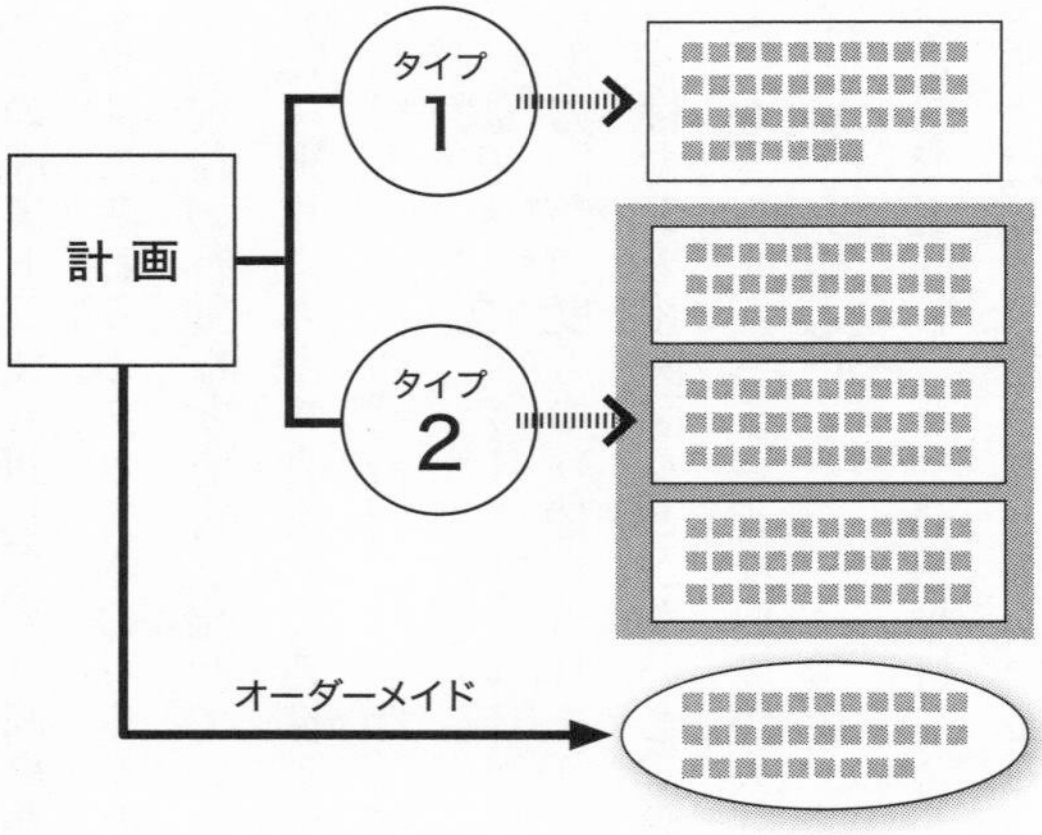
計画
タイプ
1
タイプ
2
オーダーメイド

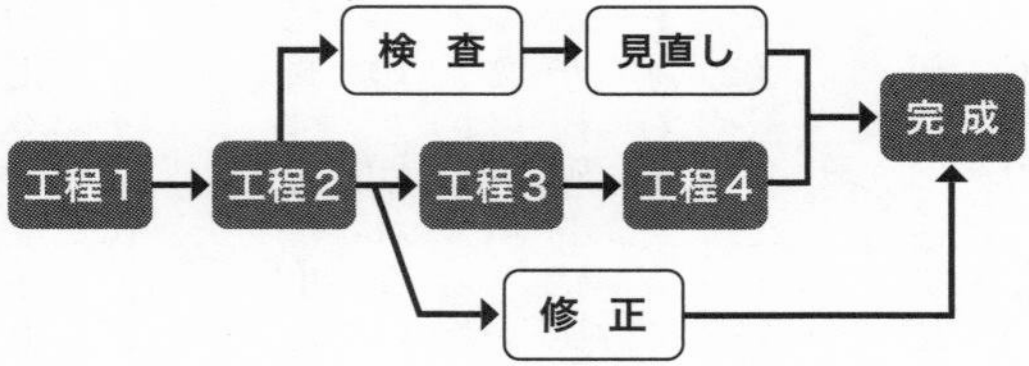
検査
見直し
完成
工程1
工程2
工程3
工程4
修正

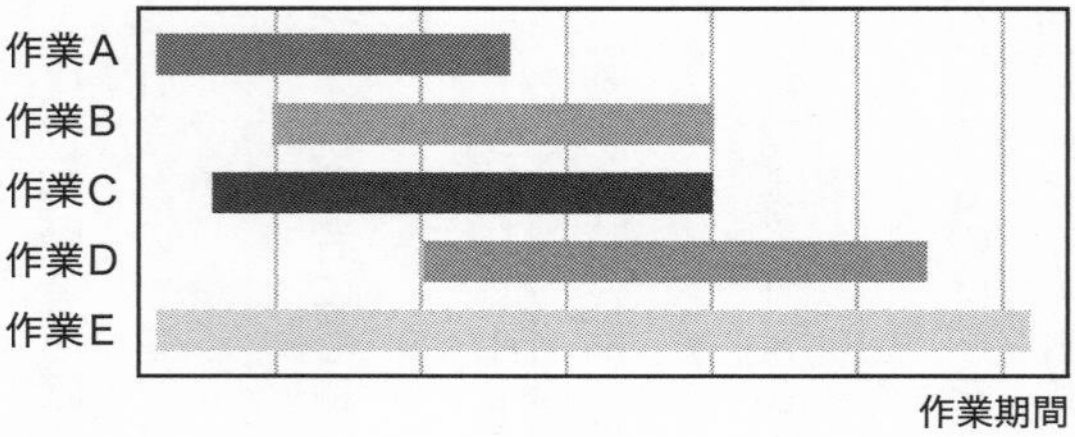
作業A
作業B
作業C
作業D
作業E
作業期間

説明図の例

みなさんの身の回りには〝よくできた図〟がたくさんあるはず。会社案内等にある組織図や事業内容の紹介をはじめ、会議等で配られる資料、図解をメインにした書籍、学生時代の教科書・参考書等々。そういったものを読み込むことが論理力のトレーニングになります。目標は、自分でも図を描ける力を身につけること。いくつか、図を紹介しましょう。

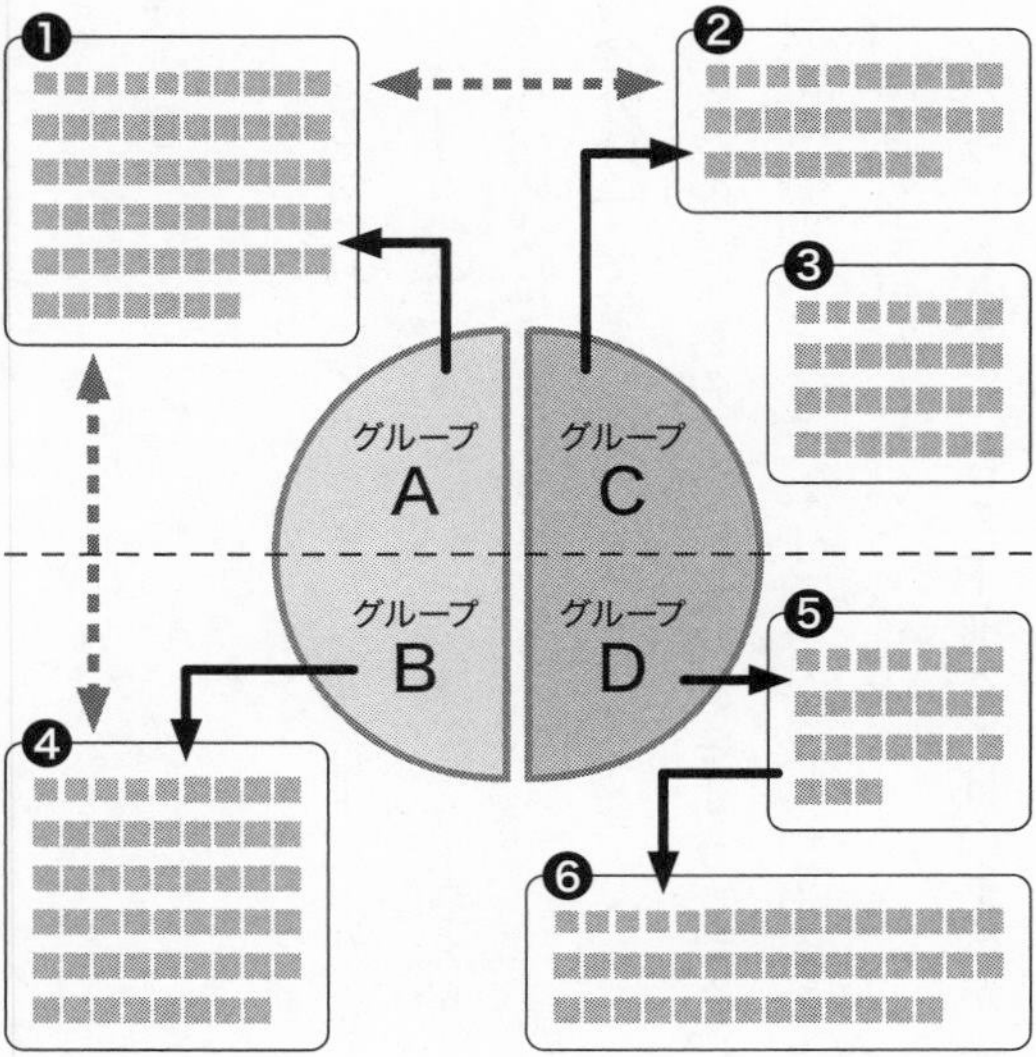

うまく活用できるよう、世の中に流通している〝よくできた図〟を参考にしながら、自分でも図を描く練習をしてみましょう。

「場合分け」を図表で整理する

高校生のとき、確率と順列組み合わせについて学びました。苦手だった人もいると思いますが、論理的思考においては大事な要素です。といっても、ごく初歩的な考え方を応用するだけで、あまり難しく考える必要はありません。

応用場面で一番多いのは、「場合分け」を整理するときでしょう。

たとえば打ち合わせや会議の席で、ある業務のシフトを決めるような場合。担当要員がA、B、C、Dの4人で、業務が4日間、それぞれ午前と午後の担当がひとりずつ必要だとして、各自が原則2回担当しなければならないとします。

そういうときに、みんながバラバラに「私は○日の午前と×日の午後がいい」とか「私はいつでもいい」などと言ったり、「○日の午前にできる人は？」といちいち聞いたりしていては収拾がつきません。そこで有効なのが「場合分けの表」です。人員を縦軸に、日時を横軸にとるなどした表をホワイトボードに描き、各自に都合のつく日に名前を書いてもらうのです。そうすれば、いつがダブっているのか、いつが担当者不在になってしまうのかが一目瞭然です。

全部出そろったところで、「ここはAさんとBさんがダブっているので、どちらかが空欄の日に移動してくれませんか」と頼んだり、空欄を指して、「ここ、誰か都合がつく人はいませんか」と手をあげてもらったりするのです。

重要なのは「**場合《ケース》を漏れなく列挙して、空欄を漏れなく埋める**」こと。これが、順列の考え方の応用です。日常生活のなかでの「場合分け」にも使えます。

日ごろから、場合分けをする習慣をつけておくといいでしょう。

たとえばA、B2つの会合があるとしたら、「Aに出席して、Bに出席しなかった場合」「Aに出席しなくて、Bに出席した場合」「A、B両方に出席した場合」「A、B両方に出席しなかった場合」という4つの場合が考えられます。それが「○×」「×○」「○○」「××」とさっと頭に浮かぶようにするのです。

【例題２】

十円玉を３回投げたとき、①表と裏の出方は何通りあるか。②表が２回、裏が１回出る確率は？

【答え】

①８通り

②$\frac{3}{8}$

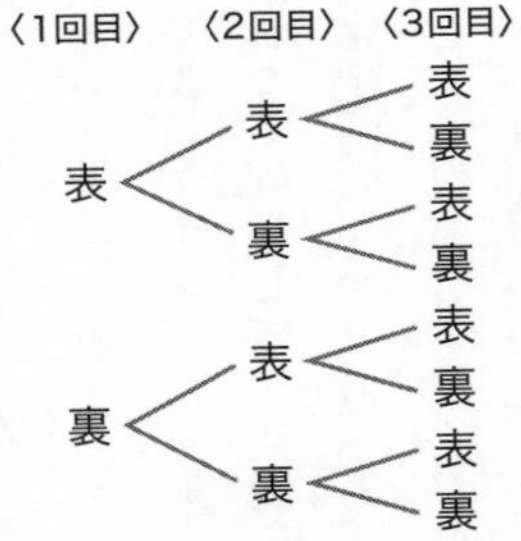

【例題３】

A、B、C、Dの４チームで総当たりで試合を行うとき、①Dチームは何試合行うか。②全部で何試合か。

【答え】

①３試合

②６試合

	A	B	C	D
A		○	○	○
B			○	○
C				○
D				

〈レッスン16〉場合分けの練習

高校時代に習った場合分けの問題を解くのは、論理力のトレーニングになります。昔の数学の教科書や参考書を引っ張り出して、以下の3つの例題のような問題を解く練習をしてみてください。

【例題1】

2回連続でジャンケンをしたとき、①グー、チョキ、パーの出し方は何通りあるか。②「前と同じ手を出さない」というルールの場合は何通りか。

【答え】

①9通り

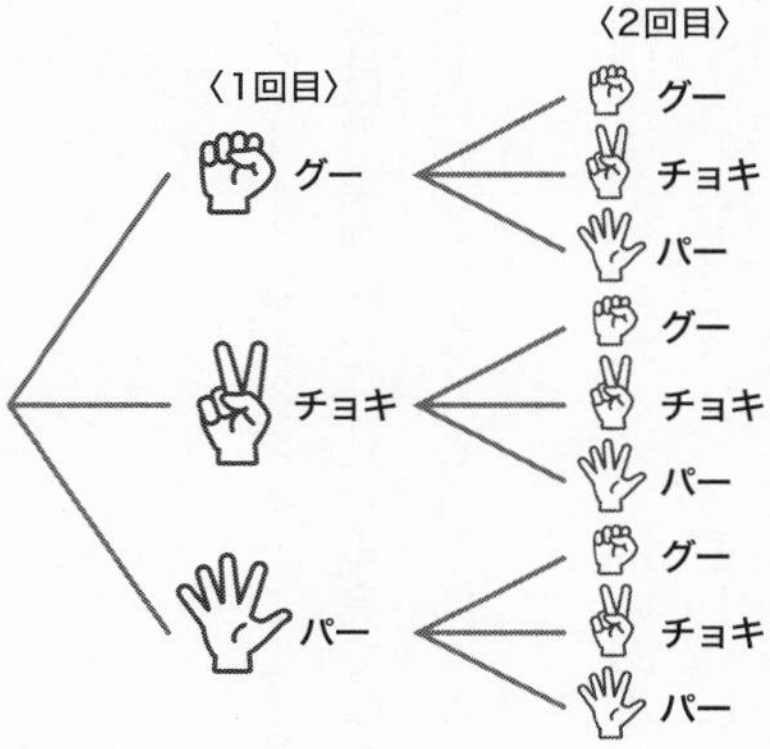

②6通り。1回目のグー、チョキ、パーそれぞれが2回目に出す手は2通りなので、「2×3＝6」通りとなる。

こういう思考ができると、それぞれに出席した場合のメリットや、欠席した場合のデメリットなども分けて考えられるので、判断がしやすくなります。場合分けの練習として、前ページのレッスン16を出しておきましょう。

確率のレトリック

確率は論理を裏付けるものです。1章で「グレードを適切に示す」ことを述べました。ただし、未来に起こることの確率を言う場合は、論理的だけれど現実ではないことを踏まえておく必要があります。その際に有効なのが、「少なくとも○%」という考え方です。

たとえば得意先の4社で、商談が成立する確率はそれぞれどのくらいあるかを言うとき、A社が1割、B社が3割、C社が5割、D社が7割だったとします。しかし、こんなふうに個別の確率だけを見ても、判然としません。

「D社は大丈夫そうだけど、ダメな確率も3割あるわけだから、下手すると全滅するかもしれない。A社だって確率がゼロではないのだから、うまくいけば全勝だってある。それはムリか。2勝くらいはいけるかも……」

そこで、計算してみると、4社すべてで成約する確率は「0.1 × 0.3 × 0.5 × 0.7 = 0.0105」。1%ほどと非常に低い確率だとわかります。「すべての成約は非常に難しい。不可能に近い」と感じる数字です。

同様の計算方法で、複数の会社と成約するすべての場合を見てみると、成約確率がもっとも高いのは、C社とD社の35%になります。これも微妙な数字。それ以外の2社の成約確率はガクンと落ちますから、大きな不安材料になってしまいます。

では、「4社すべての契約が取れない場合」の確率はどうでしょう?

これは成約しない確率を掛け合わせるので、「0.9 × 0.7 × 0.5 × 0.3 = 0.0945」となります。つまり、総倒れの確率は1割弱。ということは、「少なくとも1社と成約する確率は9割に上る」とわかります。これはD社の成約確率を上回る数字ですから、希望の光がさしてきますね。

こういう思考をすると、いたずらに不安に駆られることがなくなります。数字のレトリックのようなものですが、「少なくとも」の根拠になる数字はあるのですから、確率を安心材料に使うことも可能なわけです。

確率の数字というのは、人間の心理面に大きな影響をおよぼします。とくに結果を予測する場合に使う確率は、マイナス材料と捉えると、ストレスがたまる一方です。

極端な話、「2人に1人はがんになる時代」などと言われると、心がざわつくし、それがストレスになって本当にがんになってしまうかもしれません。でも、「2人に1人はがんにならない」と捉えたらどうですか。気持ちが落ち着いて、がんにならない手立てを考える余裕も生まれるというものです。

このように、未来予測の確率に関しては「いたずらに数字に振り回されないよう注意すべき」と言い添えておきましょう。

時間感覚と言語能力の深い関係

中学数学で習うもっとも重要な文字式のひとつに、「道のりと時間と速さの関係」を表した公式があります。

「道のり＝速さ×時間」「時間＝道のり÷速さ」「速さ＝道のり÷時間」という3つです。

これは「時間感覚を身につけるための学習」という見方ができます。

たとえば、車を運転しているときなど、自然と「速度を上げて、短時間で目的地に着くようにしよう」とか「ゆっくり走っても、約束の時間に十分間に合うな」などと考えます。

あるいは仕事の場面でも、「締め切りから逆算して、1日にこれだけの量をこなさなければ間に合わない」というような計算をするでしょう。

そういう時間感覚は、実は論理的言語能力と深く関係しています。なぜなら、「短時間で効率的に言いたいことを伝えられる」言語能力を駆使できることが、論理的言語能力だからです。

残念ながら、日本人には「論理的日本語力を身につけるために時間感覚を取り入れる」という発想がほとんどありませんでした。それに比べて読み書きのほうは、江戸時代には識字率が世界一高いと言われたくらいです。

時間感覚が欠如しているために、たとえば「〇分以内に自分の意見を述べよ」などと〝時間枠〟をはめられるのが苦手で、だらだらと時間ばかりかけて、要領を得ない話し方に終始する傾向があります。

その結果、後になって「打ち合わせという名のあの話し合いは、何だったのだろう」というようなことも起こりうるのです。

また、時間感覚がないと、「短い文章で端的《たんてき》に伝える」こともできません。そのため、送られてきた長文のメールを全部読み終えてから、「なんだ、用件はこれだけか」とガッカリするようなことも起こります。

仕事効率を下げている原因のひとつは、間違いなく時間感覚が抜け落ちていることにあります。聞き手・文書の受け取り手にとっては、何を言っているのかわからないのもストレスですが、もたもたした話や文章が続き、時間だけが過ぎていくのもまたストレスになるのです。

論理的に話そう・書こうと思うなら、まず話の骨格を短時間でスパッと表せる能力を磨く必要があります。

〈レッスン17〉15秒感覚を身につける

3章で、話には骨組みと肉付けと化粧があることを述べました。このなかで論理的に話すために一番重要なのが骨組みです。

「まず、話の骨組みだけ、さっとお話しします」という感じで、30秒程度で話すのがコツです。

よく「全体の流れをまとめますと」とか「最初に結論を言いますと」などと言っておきながら、細かい内容や入り込んだ話を長々とする人がいます。あれは悪いお手本。自分の言いたいことのレントゲン写真を示すようにしなければいけません。

ポイントは「秒単位の感覚」を持つことです。そのためのトレーニングとして、私が授業でやっているのは、

「話す前にまずポイントを列挙し、それを最大3つまでに絞り込む。そのうえで、各

ポイントについて15秒で話し、話し始めと、締めをつけて、全体の話を1分以内で終える」

というものです。

実は最初のうち「3分で話しなさい」というトレーニングをさせていたのですが、発表を聞いているほかの学生を見ていて、イラッとしている様子が見てとれました。さらによく観察すると、「話が1分を超えるときつい」とわかりました。それで1分に変えたのです。

ただその場合も、最初から1分を与えると、話し手がその1分という時間を野放図に使ってしまう傾向が見られました。これもよくないと、15秒を1つの単位とするルールもつけ加えたのです。

みなさんのなかには「15秒では何も話せない」と思う人がいるかもしれません。でも、そんなことはありません。やってみるとわかりますが、15秒あれば、ひとまとまりのことは言えます。しかも15秒だと、結論を先に言わなければ、時間切れになる恐れがあるので、自ずと結論から話すクセがつくのです。

ストップウォッチを使うと効果的です。スマホ（スマートフォン）などにはストップウォッチ機能がついていますので活用してください。

学生たちはこのトレーニングを通して、だんだん〝15秒感覚〟が身についてきました。みなさんもぜひ、試してみてください。頭がシャキッとしますよ。

7章

論理力は「文学」で完成する！

「心の基礎体力」を鍛えて日本語力アップ

「文脈」や「感情」を押さえると理解が増す

本書はここまで、「論理力」をキーワードに「格上の日本語力」を習得するノウハウをお伝えしてきましたが、実はより重要なのは「文脈」です。つながりは論理とは限りません。論理的に見える文章であれ、小説であれ、全て文脈でつながっているのです。

ですから最後のレッスンとなる本章では、「論理力は文学で完成する」ということをお伝えしたいと思いますが、このように申し上げたらみなさんは戸惑うでしょうか?

なぜか日本人はコンプレックスが強く、「欧米の言語のほうが論理的で優れている」と勘違いしています。しかし、日本語が論理的でないということはありません。論理以上の多くのものを伝えられて、しかも論理的でもあるのが日本語の特徴なのです。論理というものと、文脈を理解し心情を理解することは、本来はつながっているものです。

私にいわせると、**論理の後ろには必ず感情がある。**どんな論理的な評論文でも、著者の好き嫌いがにじみ出るもの。感情を読み取らなければ、論理はつかまえられません。

裁判の判決文ですら、裁判官が被告を有罪にしようとして執筆しているとすれば、その感情や価値判断にもとづいて論理構成をしているわけです。また同様に、哲学者がどんなに論理的なことをいっているように見えても、隠された感情があるはずです。ウィトゲンシュタインなら、それ以前の哲学を乗り越えたいという欲ですとか、あるいはニーチェだったら、「キリスト教道徳が嫌い」という感情面を読み取ると論理もつかまえやすくなり、理解が深まります。

「つまみ食い」的な学びで失うもの

文学というと「非実用的」「不要不急」というイメージを持ってしまう方が少なくないようです。これはとても残念な誤解です。

その誤解が、いま国語教育の現場でも広がっています。高校の現代文の領域では、契約書や自治体の広報といった実用文の読解を中心とする「論理国語」と、これまでのような小説などを中心とした「文学国語」に分かれ、大学入試や単位システムの問題から、ほとんどの生徒が「文学国語」を取らず、「論理国語」のみを学ぶことになるのではないか、と危惧されています。

これは文部科学省が2018年に告示し、2022年春にスタートした新学習指導要領にもとづいた政策です。

こうした選択制がはらむ危険性はきわめて高いと考えます。というのも、選択しなくて済むなら生徒は自分の苦手な科目は勉強しなくなってしまうものだからです。論理国語のみを選択すれば文学国語は弱くなり、文学国語のみを選択すれば論理国語が弱くなるのは必然です。私は、「論理国語」と「文学国語」を選択制にするのではなく、これまでのように高校1年では「国語総合」を必修とした上で、2年生以降で、発展的な内容を学ぶ際も、文学的テキスト、評論文、古典など満遍なく読むようにすべきだと思います。

もし実用的な文書を読む力や、社会の中で起きていることに対応していくことがより必要だ、というなら現状の国語の中にそういう部分を加えれば良いわけです。文学的な文章と、実用的な文章を分け、ゼロかイチかを迫るような必要はありません。

思い起こすのは、１９９０年代から高校で本格的な理科・社会の科目選択制が採り入れられた失敗例です。たとえば、１９７０年頃までは普通科に通う高校生の９割が物理を履修していましたが、現状は1割台に低下しています。

学校というのは本来、家庭ではうまく継承することのできない、文化的に非常に価値のある「文化遺産」を継承していく場所なのです。物理学という、人類の智が集められた文化遺産を、高校生の８割以上が勉強することなく卒業していくのは由々しき事態です。国民のほとんどが「物理」の何たるかを知らないのに、「科学立国」を唱えてもムリがあります。

同じように、数学も文化遺産ですし（6章で取り上げました）、国語においても『源氏物語』や漢文、そして夏目漱石に代表される近代文学は文化遺産です（2章を振り返ってみてください）。生徒に得意分野だけをつまみ食いさせるのではなく、すべてを必修で学ばせるべきです。

仕事のできる人は「人の気持ちがわかる」

もし教育政策を決めている人たちが、「文学」は実用的ではないと考えているなら、実用的とか社会で役に立つ、ということをあまりに安易に考えすぎていると思います。

いま日本社会で求められている力は、パソコンの取り扱い説明書を理解したり、お客さんの注文にマニュアル的に応えたりする、といった能力ではありません。そういったＡＩ（人工知能）にまかせられるような能力ではなく、インターネットで「検索」しても出て来ないような、「**想定外**」**の状況にどう柔軟に対処していけるかどうか、という**「**生きる力**」**です。**その土台となるのが「心の力」なのです。

心が弱ければ、どんな仕事も長続きしません。逆に心が強ければ、失敗をしてもそこから学び、仕事を覚えていくことができます。心を強くするのは、道徳だけでは担いきれません。そもそも高校に道徳は、教科としては存在しないのです。これまでその分野を担ってきたのが、実は国語だと私は思っています。夏目漱石の『こころ』や芥川龍之介の『羅生門』や中島敦の『山月記』を読むことで、人間の心の複雑なメカニズムを学び、心の基礎体力をつけることができるのです。

仕事をする上で、国語力は非常に役にたちます。というのも、仕事で重要なことは、相手の感情の動きをとらえることだからです。会議の中でも、いまこの人の心情は賛成に傾いているのか、反対に傾いているのか、様々な心理的要因を汲み取りながら、その場で臨機応変に読み取ることができない人は仕事が不自由になります。

売る側から買うお客さんの側に、立場を変換して考えてみたり、柔軟に提案の仕方を変えてみたり、といったことは、これからますます大切になってくる「コミュニケーション力」の基礎です。**コミュニケーションの基礎になるのは、「人の気持ちがわかる」ということです。**

「ああ、こういうことを言うと、人は傷つくんだな」とか、「今この人はこんな表情をして、言葉では表面上こんなことを言っているけれど、内心はこうなんだろうな」とか、心の繊細な部分を感じ取るのは文学の専門なわけです。

そうしたことは契約書や会議の議事録では勉強できません。すぐれた文学は、読者の目の前で事態が同時進行的に動いていくわけですから、まさに「生きた教材」なのです。

テキストが国語力を伸ばす

もちろん、新学習指導要領の「問題発見、解決能力」「提案力」といった部分をより強化しなければならない、という方向性は間違っていないと思います。そして問題発見や、提案をするための前提となるのが、「想像力」です。

ただ、そこはこれまでも授業の中で色々な試みが行われてきたのです。たとえば『羅生門』のラストは、「下人の行方は、誰も知らない」となっていますが、「その先がどうなるか、続きを考えてみましょう」とか、森鷗外の『高瀬舟』を読んで、この時代から安楽死が問題になっていたんだ――、どうすべきか自分なりに考える、といった授業も可能でしょう。あるいは新聞を題材に、実用的な日本語を読解し、論点を見出すような授業も実践されています。

しかし、そうした問題発見・提案型の取り組みが今ひとつ目立たなかったのは、主観的な部分が含まれるので採点がしにくく、入試には馴染みにくかったからです。

２０２１年から、大学入試センター試験に代わり、「大学入学共通テスト」がスタートしました。国語の出題方法も大きく変わると見られていましたが、小説作品が2年連続で出題されたことは歓迎すべきでしょう。しかし本番に先立って行われたプレテスト（試行調査）を見る限り、実用的な志向が強く打ち出されています。たとえば架空の高校の生徒会の規約を読み解き、その規約を改めようとする生徒と教師の会話をもとに、記述式の解答をする、といった例題が出されました。

では、こうした問題作成の方向性は、論理的思考力を測り、実践的な日本語運用能力を高めることにつながっていくのでしょうか？

試験というのは、それが何の力を測るためか、ということ以上に、その試験に向けてどんな準備をすればよいかが明確になっていることが必要です。私は大学の新入生に毎年聞いていますが、彼らは全員これまでのセンター試験はよくできていて、それに向けてどんな対策が必要かは分かっていた、と答えます。しかし、共通テストの問題点は、それに向けて準備をするのが難しいということです。また、「現代国語」しか教えたことのない国語教員の間では、「論理国語」に対する当惑が広がっている、というのが本当のところではないでしょうか。

単に、PISA型学力に対応しなければならない、といった場当たり的な出題では、予備校的な受験対策で簡単に見切られてしまい、生徒はそのマニュアルだけを覚えていくことになっていくかもしれません。あるいは学校現場も共通テストの出題をにらみながら、より得点を取りやすいよう教える中身をシフトさせていく、といった可能性もあります。それでは、本当に日本語能力を高めるのとは、むしろ逆行することになります。

漱石や鷗外のような文豪の作品、あるいは『源氏物語』や『枕草子』のような古典的な作品は、作者の人格の大きさ、文学世界の広さから来る「凄み」があります。現代的な話し言葉に近づいた文章ばかりが教科書に載るようになると、離乳食のようになってしまいます。ましてや、契約書のような、誰が書いたかもわからないような文章ばかりを読まされるようになると、国語が担ってきた文化遺産の継承という役割がきわめて疎かになる。そこを、私はいちばん危惧しています。

国語力を高めるためには、「文は人なり」を実感できるテキストが大切なのです。

〈レッスン18〉　まずは短編から文学を読んでみよう

文学というと、敷居が高いなと感じたり、食べず嫌いだったりするみなさんもいるかもしれません。しかし、この章でお伝えしたように、格上の日本語力を身につけたいなら、それではもったいない。

そんなとき、私がおすすめしているのは短編小説です。短編には、作家の力量が現れます。古今東西には数多くの作家がいますから、パラパラと立ち読みしてみれば、「合いそう」「おもしろそう」と思える作品にもきっと出会えるはず。文豪であれ流行作家であれ、それぞれに強烈な個性やクセがあります。自分に合う作家を見つけることが重要なのです。

逆に短編でさえ途中で投げ出してしまうようなら、その作家がどれほどベストセラーやロングセラーを出していたとしても、早々に「相性が悪い」と見切りをつけたほうがいいと思います。

以下に私がおすすめの作品を掲げますが、ぜひご自身の感性で本を選んでください。

- 谷崎潤一郎『刺青《しせい》』や『幇間《ほうかん》』（『潤一郎ラビリンス』〔全16巻、中公文庫〕のシリーズもたいへんおもしろい）
- 太宰治『女生徒』『饗応夫人』（女性の語り口で綴った作品は、超絶的に上手い）
- 坂口安吾『白痴』（太宰と同じ無頼派でも、男目線で書かれています）
- 村上春樹『中国行きのスロウ・ボート』『午後の最後の芝生』（特に大きな事件が起きるわけではないのですが、一つ一つの作品が心に残る）
- ジェフリー・ディーヴァー『クリスマス・プレゼント』『ポーカー・レッスン』（読みやすく、いずれも納得のいくしっかりした〝オチ〟も付いています）
- カート・ヴォネガット『バゴンボの嗅ぎタバコ入れ』『モンキー・ハウスへようこそ』（作家の中には、もともと長編より短編を得意とする人も少なくありませんが、その典型）

（拙著『本をサクサク読む技術』中公新書ラクレから抜粋）

おわりに
大谷翔平選手の日本語力

「格上の日本語力」ということで、最近私の印象に残っているのは2023年3月のWBC決勝前の大谷翔平選手による32秒スピーチです。

「僕から一個だけ。憧れるのをやめましょう。

ファーストにゴールドシュミットがいたりとか、センターを見たらマイク・トラウトがいるし、外野にムーキー・ベッツがいたりとか。野球をやっていれば誰しも聞いたことがあるような選手たちがいると思うのですが、今日一日だけは、やはり憧れてしまっては超えられないので、僕らは今日超えるために、トップになるために来たので、今日一日だけは彼らへの憧れを捨てて、勝つことだけ考えていきましょう。

さあ、行こう！」

（注：野球日本代表 侍ジャパン 公式ツイッターの公開動画をもとに書き起こしました）


このスピーチは論理的かつ情熱的です。憧れていては気持ちが受け身になります。「今日一日だけは」と限定的に言うことで、アメリカチームとメジャーリーグへのリスペクトも伝わります。まさに人を動かす絶妙な「格上の日本語」です。

これは英訳され、アメリカの人たちをも感動させました。「格上の日本語力」はワールドワイドです。

私たちも「冷眼熱心」で日本語力を磨いて、熱く楽しく生きていきましょう！

齋藤 孝

2023年4月

ラクレとは…la clef=フランス語で「鍵」の意味です。
情報が氾濫するいま、時代を読み解き指針を示す
「知識の鍵」を提供します。

中公新書ラクレ
795

格《かく》上《うえ》の日本《にほん》語《ご》力《りょく》

言《い》いたいことが一度《いちど》で伝《つた》わる論理《ろんり》力《りょく》

2023年 5 月10日発行

著者……齋藤《さいとう》 孝《たかし》

発行者……安部順一
発行所……中央公論新社
〒100-8152 東京都千代田区大手町 1-7-1
電話……販売 03-5299-1730　編集 03-5299-1870
URL https://www.chuko.co.jp/

本文印刷……三晃印刷
カバー印刷……大熊整美堂
製本……小泉製本

©2023 Takashi SAITO
Published by CHUOKORON-SHINSHA, INC.
Printed in Japan　ISBN978-4-12-150795-2　C1281

定価はカバーに表示してあります。落丁本・乱丁本はお手数ですが小社販売部宛にお送りください。送料小社負担にてお取り替えいたします。

本書の無断複製（コピー）は著作権法上での例外を除き禁じられています。

また、代行業者等に依頼してスキャンやデジタル化することは、たとえ個人や家庭内の利用を目的とする場合でも著作権法違反です。

中公新書ラクレ　好評既刊

L535
本をサクサク読む技術
—長編小説から翻訳モノまで

齋藤　孝 著

途中で挫折しない方法を、読書通の著者が教えます！　登場人物がややこしい長編小説の読み方は？　難解な翻訳書・学術書を読みこなすコツは？　本を同時に読み進める「並行読書」、レーベル別攻略法、1000冊読める大量消化法等の齋藤メソッドが盛り沢山。コラム「よろず読書相談室」では、個別の悩み相談にも答える。ド文系のための理系本や初心者向けの歴史・経済小説などオススメ本も多数掲載。

L678
英語コンプレックス粉砕宣言

鳥飼玖美子＋齋藤　孝 著

日本人がなかなか払拭することのできない英語コンプレックス。中学・高校の六年間学んでも話せるようにならない絶望が、外国人と軽妙なパーティトークをできない焦りが、過剰な「ペラペラ幻想」を生んでいる。英語教育の現場をよく知る二人が、コンプレックスから自由になるための教育法・学習法を語り合う。とりあえず英語でコミュニケーションを取るための具体的な方策も伝授。黒船ショック以来、日本人に根付いた劣等感を乗り越える！

L760
60代からの幸福をつかむ極意
—「20世紀最高の知性」ラッセルに学べ

齋藤　孝 著

日本は「隠れ幸福大国」である。ただ、バラ色老後のために足りないのは「考え癖」と「行動癖」。この二つを身に付けるための最良テキストが、哲人ラッセルの『幸福論』。同書を座右の書とする齋藤氏が、現代日本の文脈（対人関係、仕事、趣味、読書の効用、SNSとの付き合い方等々）に読み替えながら、定年後の不安感を希望へと転じるコツを伝授する。なお、ラッセルは九七歳まで知と平和と性愛に身を投じた高齢社会のロールモデル。